Des mots...
pour le rire !

**Atelier d'écriture humoristique
des villages du Comminges
animé par Guy Mothe**

**Edition de l'association :
« Des mots pour le rire »
Le village, Ciadoux-31350**

Avant-propos

Une étude d'un quotidien national avait révélé il y a quelques années qu'un Français sur trois rêvait d'écrire… (Sondage Le Figaro littéraire-OpinionWay) En cette période permanente de préparation d'élections on pourrait donc dire que ce parti des auteurs potentiels est le plus grand parti de France !

La plupart des auteurs se décident à sauter le pas à un âge tardif. L'envie d'écrire peut être liée à l'acte de mémoire, au désir de léguer quelque chose à son entourage, mais c'est avant tout une manière de se faire plaisir.

Écrire en atelier peut être pris comme un exercice de style, un délassement, un moyen d'échange et de rencontres dans un petit groupe complice et peut aussi devenir le vecteur d'un véritable épanouissement.

Objectifs de cet atelier :

Partager, avec légèreté et beaucoup d'humour, une forme d'expression collective sur des sujets multiples et renouvelés :

- écrire en s'amusant avec des jeux, des consignes ;
- stimuler sa spontanéité, son imaginaire sa créativité ;
- donner l'envie de lire et d'écrire aux autres ;
- parvenir à écrire des récits, des contes, des textes variés, des nouvelles, des haïkus ou des poèmes ;
- se découvrir soi-même et enrichir sa relation aux autres dans une atmosphère conviviale.

L'atelier d'écriture humoristique ?

Tous les troisièmes mercredi du mois, je mets mes plus beaux mocassins et selle mon meilleur cheval pour descendre de mes montagnes et rejoindre les grandes plaines du Comminges.

Là, au lieu-dit Ciadoux, je retrouve une drôle de tribu de guerriers. Ils ont déclaré la guerre à la morosité. Leurs armes ? Ils tirent avec des mots de toutes les couleurs, des éclats de poésie, des perles humoristiques. Leurs victimes ? A la fin du combat, on ne ramasse sur le champ de bataille que des morts de rire… et quelques blessés à la rate dilatée ou aux côtes tordues. Pas de panique ! Nous avons des potions pour soigner plaies et bosses : quelques victuailles et une bonne bouteille. Après la tombée de la nuit, je retourne dans mes montagnes avec le carquois rempli de trésors de guerre : des Pierre-de-lune, Des « Guy-léjades », des « Jacques-ries », des « Marie-vaudages » et bien d'autres choses encore. Voilà de quoi tenir jusqu' au prochain rendez-vous.

(Irène)

- Encore un atelier d'écriture ? Et humoristique par-dessus le marché ! C'est bon pour ceux qui n'ont rien d'autre à faire qu'à lire : fainéants, barjots, marginaux, intellectuels ou retraités… et qui se prennent pour qui, hein ? »

« Des mots pour le rire… » Auberge espagnole !
- Ex-ac-te-ment. Il y a de tout et pour tous. Lieu de divertissement où ceux qui jouent avec la langue ne se prennent que pour ce qu'ils sont : des simples, mais pas d'esprit ; de l'esprit mais pas de sel ; du sel et du piment, juste ce qu'il faut.
Ceux qui s'y trouvent ne rient pas forcément, c'est du travail, mais pas forcé, s'il vous plaît. Leur ambition : partager leur humour.
Alors souriez et soyez heureux !

(Marie)

Lorsqu'un archevêque français, il y a quelques années, au cours d'une visite dans une paroisse de son diocèse a prononcé un petit discours au cours duquel il a dit : « Je suis heureux de voir l'essaim des Enfants de Marie grossir de jour en jour » (sic), il aurait mérité de faire partie de notre atelier !
Voilà, vous avez compris ; c'est en grande partie le genre de jeu de mots que j'attendais lorsque j'ai rejoint l'Atelier d'Ecriture humoristique de Ciadoux dès le mois de Novembre 2011… et je n'ai pas été déçu… car je suis heureux de faire partie de ce groupe. Merci à toutes et tous les participants…

(Jacques)

Présentation des auteurs par l'acrostiche

Un acrostiche, du grec akrostikhos (akros, haut, élevé et stichos, le vers), est un poème, une strophe ou une série de strophes où les initiales de chaque vers, lues verticalement de haut en bas, (parfois les premiers mots d'une suite de vers) composent un nom, un mot ou une expression en lien avec le poème.

Ainsi on peut choisir un mot ou les lettres d'un prénom comme source de création. Ici cela permet à chacun des « écrivants », une présentation ludique de chacun en utilisant les lettres de son prénom mis à la verticale comme source de création. Un mot, une phrase sert à caractériser la personne avec de l'humour.

Dévouée, souvent je crois que je le suis,
Antipathique, ce n'est pas ce qui se dit,
Nerveuse, très rarement,
Irritable, quelquefois,
Étourdie, mais pas insupportable,
Libre comme Max, c'est un rêve,
Lourde mais pas intransportable,
Écrivante… mais des brèves !

(Danielle)

Grand amateur de bons mots
Un rien me distrait et presque tout m'amuse
Y a-t-il mieux pour éloigner les gros maux ?

(Guy)

7

Malgré, ou grâce à mon âge
Amatrice de belles pages,
Rire rimant
Idéalement avec
Ecrire,
C'est ce que j'essaie de faire à l'atelier,
Heureux moments d'amitié
Rares et doux
Ici à... Ciadoux !
Si malgré ta perspicacité
Tu n'as pas deviné
Illico cette description
Ne cherche plus la solution
En deux prénoms...   **(Marie-Christine R)**

Imaginer l'intrigue incroyable de l'insecte insomniaque
Rimer en riant avec des ripailleurs non repentis
Écouter les échanges étonnants des éternels enfants
Nourrir naturellement nos névroses narcissiques
Écrire pour éviter l'esprit d'escalier et enterrer l'ennui.
                                              (Irène)

Je ne suis qu'un banal être humain bien moyen
A qui on a donné un prénom très chrétien…
Ce que j'ai fait avant ? J'ai volé très longtemps
Quand mon jeune âge encore pouvait me le permettre
Une envie que j'avais depuis pas mal de temps :
Europe, Afrique, Asie et nouveau Continent
Se sont bien succédés avant que je n'arrête…
                                              (Jacques)

J'ose comme certains le savent…
On me surnomme Jo
Sans le moindre défaut
Économe
Travailleuse
Tendre
Extraordinaire ? Non, terriblement modeste...

(Josette)

Migratrice, tel l'oiseau de paradis, à condition de
revenir…
Aventurière, je le suis avec des points d'ancrage
Responsable, sans peur des lendemains qui déchantent
Indépendante, c'est ma devise première
Sensible, à souhait mon entourage vous le dirait
Et émerveillée par tout ce qui donne des ailes pour
m'évader. **(Marise)**

Moi me présenter ? Pourquoi éventer ma modestie ?
Avant, moi j'étais jeune, belle, éveillée. C'était avant.
Riez mais le temps passe vite, un jour viendra…
Il est arrivé, j'ai les cheveux blancs, les os qui craquent
Et la seule chose qui me reste, c'est un sacré prénom.

(Marie)

Autres auteurs aux mots passants : **Cécile, Christiane,
Antoine, Michèle, M-Christine L, Odette, Pierre,
Yves, Malvina, M-Edith, Marie-Jo, André, Jean.**

Objet inanimé avez-vous un nom ?

Décrire un objet ordinaire à la manière de Francis Ponge, mais en essayant de le faire humoristiquement et sans le nommer sauf peut-être à la fin...

Mes locataires vont de la prune au melon, toujours en couple. Je peux être de toutes les couleurs mais le clair me va bien. Les années 70 ont failli avoir ma peau mais les nouvelles techniques esthétiques me donnent une nouvelle heure de gloire et je m'affiche partout, même dans ma plus simple expression !
Je peux aussi m'adapter à toutes circonstances : souple avec les sportives, ouvert avec les nourrissons et parfois trompeur avec les transsexuels ! Objet fantasmatique, mon nom est masculin et pourtant je ne loge que chez des propriétaires féminines, le plus souvent à l'abri des regards indiscrets de ces messieurs. Moi le soutien-gorge ! (**Marie-Christine R**)

Elle pourrait inviter au recueillement, mais en vain...
Pourtant, à l'occasion, elle ne manque pas d'aisance...
Elle n'est même pas sourde comme un pot, car comme pot elle ne peut être utilisée...
Peut-être a-t-elle inspiré le poinçonneur des lilas ?
Elle ne détient aucun secret mais permet de trier le bon grain de l'ivraie... Elle a nourri le vocabulaire populaire pour qualifier une mémoire défaillante ou un catastrophique gardien de but... La passoire !   (**Yves**)

C'est une main à quatre doigts, trop permissive elle laisse s'enfuir l'eau. Epines sans rose qui piquent, s'agrippent et retiennent. Elle imite la nature sans jamais l'égaler. Le petit mangeur la manie avec extrême délicatesse... La main de l'affamé la remplace volontiers avec efficacité. On dit alors improprement qu'il a un bon coup de fourchette !

(**Marie**)

A moi tout seul je peux contenir toute une vie. Je pèse lourd parfois sur la conscience quand je moralise. Je sais être loufoque mais aussi très sérieux quand je me mets à donner des conseils. Suis-je trop prétentieux à vos yeux de me laisser servir par tant de pages bien en lignes, ces faire-valoir aux dossards numérotés comme dans les équipes sportives ? A mes petits soins, leurs différents caractères s'accordent pour me donner une si bonne présentation que j'attire bien des personnages. Je m'ouvre facilement à qui veut bien savoir ce que j'ai en moi et c'est parfois du lourd, car j'ai du volume ! Je me referme ensuite et si on me met à l'index je ne donne pas cher de ma peau, même si j'ai le cuir solide. Parfois il m'arrive de fréquenter les bibliothèques mais je me perds dans les rayonnages. J'adore être touché, caressé et apprécié ou couvert d'éloges quand je m'expose aux salons... du livre.

(**Marie-José**)

Je suis rond et pourtant ne bois pas
Je suis plein, on ne voit pas de quoi
Pour vous porter on se met en quatre
Ma chambre est sans lit, pire qu'un cloître !
Je ne peux m'y reposer si je suis à plat…
Quand je n'ai plus de ride… Oh là là !
C'est qu'on voit que je suis vieux…
Vous l'avez deviné, je suis un pneu.

(Jean)

L'objet gisait parfaitement insolite…

Faire un texte à partir de la phrase : « l'objet gisait au milieu du sentier, parfaitement insolite dans ce cadre bucolique… »

Je marchais pensive admirant l'éveil de la nature, c'était le printemps, quelques boutons d'or égayaient les berges de la Save. Une touffe de marguerites attire mon regard, quelle aubaine j'adore cette fleur. Un chiffon noir gît au pied de la plante, qu'est-ce ? Aidée d'un bâton, je déploie l'objet. Seigneur ! Un soutien-gorge ! Je ne parle pas d'un petit truc en dentelle pour soutenir seulement deux œufs au plat mais d'une sorte de hamac bardé de fer. J'imaginais aussitôt la circonférence et le poids de la propriétaire. Un freluquet aurait-il dégrafé ce corsage et laissé choir le soutien de cette masse gélatineuse ? Je rêvais ! Le spectacle valait-il la chandelle ? Au fait qu'elle chandelle ? Je laisse là l'objet ; est-il porno ou seulement encombrant… A toi d'imaginer !

(Odette)

À quoi ça rime tout ça ?

C'est lors d'une promenade en forêt que mon regard fut attiré par une tache au bord d'un sentier. Je crus à une feuille d'érable tombée à terre mais en m'approchant je m'aperçus qu'elle ressemblait à une feuille de papier d'un blanc sale et recouverte de petits vers.

Vous allez me dire : « Qu'y a-t-il donc de si étrange de voir en forêt des vers se promener sur une feuille ? »

C'est que ces vers étaient de longueurs différentes et que, figurez-vous, ils avaient des pieds : certains en comptaient six, d'autres huit et les plus longs, douze ! Vous avouerez que voir courir ainsi des vers avec leurs petits pieds sur une feuille blanche... c'est tout un poème !

Tout à coup, une étrange danse s'opéra et des petits groupes de vers de même longueur se formèrent, par trois, par quatre et même par dix, mais là c'était une catastrophe ! Car chacun sait qu'un ver, avec ou sans pied, c'est bien, mais que dix vers, bonjour les dégâts ! En effet, je ne sais pas ce qui me prit, mais soudain je me mis à voir des éléphants roses piétiner joyeusement les vers qui s'effacèrent brutalement sous l'apparition de sang sur... la feuille !

Toute désorientée je repris mon chemin envers et contre tout en me disant : « À quoi ça rime tout ça ? » Et d'ailleurs je me le demande toujours aujourd'hui !

(Marie-Christine R)

Logo-rallye

Le logo rallye permet de dépasser l'angoisse de la page blanche... L'écriture est un plaisir et parfois pour qu'il puisse s'exprimer, il faut briser les barrières qui nous ont été mises dans la tête par l'école, les rapports de stage, les lettres de motivation, etc.

Le paradoxe, c'est que pour libérer l'écriture, il faut d'abord l'enfermer dans une contrainte. Le logo-rallye consiste à écrire en introduisant dans le texte les mots d'une liste établie.

L'OULIPO (l'OUvroir de LIttérature POtentielle, Fondateur Raymond Queneau avec le mathématicien François Le Lionnais) : dans ses Exercices de style, Raymond Queneau (1903 - 1976) en écrivit un avec les mots suivants mis dans l'ordre : dot-baïonnette-ennemi-chapelle-atmosphère-Bastille-correspondance

On écrit un récit ou poème, dans lequel apparaissent obligatoirement, dans un ordre choisi à l'avance, une série de mots imposés pour réaliser un texte court.

Voici par exemple les mots choisis par chaque écrivant de l'atelier : Père Noël, poisson, chien, piscine, cathédrale, bouteille, hiver, tracteur.

Le logo-rallye du père Noël

« C'était juste avant le passage du *Père Noël*... la neige tombait à gros flocons sur la campagne endormie. Dans le lac tout proche quelques *poissons* frigorifiés attendaient tristement le retour des beaux jours ; pas très loin de là quelques *chiens* de traineaux, haletants, profitaient de cette atmosphère agréable. Ah ! C'est qu'ils préféraient le froid mordant de cette couche glacée à la moiteur d'une *piscine*...

A quelques kilomètres dans une *cathédrale*, des enfants entonnaient des chants de Noël et sous le porche un clochard, *bouteille* en main, restait indifférent à cette atmosphère festive qui égayait cette saison d'*hiver*.

Au loin, on entendait le bruit d'un *tracteur* qui peinait à enlever du fossé, une voiture qui s'était enlisée dans l'épaisse couche blanche... »

(Cécile)

Le *Père Noël* fouille dans les ordures. Il sent le *poisson*, a une vie de *chien*. Il nettoie les *piscines* divines où Dieu vient parfois se baigner, saturé d'ouïr les lamentations de ses ouailles dans les *cathédrales*.

On peut le croiser ivre, titubant, une *bouteille* vide jetée à ses côtés. Mais *l'hiver* se termine et il s'en retourne dans sa chaumière. Et le *tracteur* ? Un oubli, le tracteur ? Non, une panne !

(Marie)

Ce soir 25 décembre, c'est la nuit attendue où le *Père Noël* doit venir chez moi. Comme j'habite chez une copine, je dois veiller toute la soirée car ce ne sera pas facile pour me trouver…

Pour ma commande passée sur internet, je m'étais lâchée, lui ayant indiqué au passage que j'avais été très sage… Tout d'abord, j'ai souhaité recevoir un beau *poisson*-chat pour tenir compagnie à mon *chien* à défaut de le mettre à la *piscine* pour pouvoir nager avec lui. Ensuite j'ai promis d'aller à la messe de Minuit de la *cathédrale*, mais ça ce n'est pas demain la veille ! Je préfère boire de bonnes *bouteilles* de derrière les fagots pour fêter dignement Noël au coin de l'âtre et résister à l'entrée de *l'hiver* avec mon bellâtre. Ah ! J'oubliai, j'ai aussi commandé un *tracteur* pour perdre moins de temps à tondre les pelouses au printemps. Attendez ! J'ai un message sur mon ordinateur… Super il m'a répondu : No… Elle n'aura rien, elle me fait le coup chaque année !

(**Josette**)

Le faux dictionnaire

On joue sur le sens des syllabes, les sonorités, en gardant si possible un lien avec la définition exacte du mot, pour provoquer un amusant double effet.

Appartenir :
-Avoir investi dans la pierre.　　　　**(M-Christine L)**
-Tenir à part, c'est un signe évident d'égocentrisme exacerbé.　　　　**(Jacques)**
-Être sûr d'avoir conclu la location ou l'achat d'un appartement.　　　　**(Marie-Edith)**

Archéologie :
-Il vaut mieux arquer au logis que dehors, surtout s'il pleut.　　　　**(Jacques)**
-Nom donné à une femme gaucho argentine qui dans la pampa, passe ses journées à cheval et rejoint le soir son logis en marchant avec les jambes arquées.

　　　　(Antoine)
-Réponse d'Eros qui a oublié son arc chez lui. **(Jean)**

Assimile :
-Voix étrangère par voie rapide : G.P.S. d'intégration.
-Surnommé Mil, car souvent debout en classe, et notre maître de lui crier : «Assis Mil !» Mémorable ! **(Marie)**
-C'est trop cher ! A quatre mille, ce serait plus correct.
　　　　(Jacques)
-Méthode de langue pas donnée ! **(Marie-Christine R)**

Une danseuse d'Opéra, un moulin à vent...

Avec deux mots choisis au hasard «danseuse d'opéra» et «moulin à vent», se demander qu'est-ce qu'une danseuse d'Opéra peut faire d'un moulin à vent ?

Il était une fois un moulin à vent, reste de ceux de Don Quichotte, qui s'ennuyait sur son coteau d'Estrémadure. Il partit par une nuit sans lune, décidé à en finir avec cette vie terne et à se jeter à la mer.
Au moment fatidique, il entendit une voix douce mais déterminée : « Non, ne fais pas ça malheureux ! Le temps est à la crise, il faut te recycler...»
C'est ainsi que l'on vit sur la scène du plus grand opéra de Madrid une danseuse étoile, c'était elle la voix douce, pieds et poings liés à son chevalier servant : un moulin à vent.
Si le public applaudissait, la jeune femme attachée aux ailes de son bien-aimé, virevoltait. Quand les applaudissements redoublaient, les ailes allaient de plus en plus vite et la danseuse en perdait la tête.
Lorsqu'ils étaient loin l'un de l'autre, quelles lettres enflammées il lui envoyait ! Elle les conservait avec amour en s'extasiant : « Les lettres de mon moulin !»

(Marie)

Sur scène mon corps vole souvent, se tord, bondit à perdre haleine. Et ma chorégraphie s'enchaine grâce aux ailes du moulin à vent. Souffle-moi tes mots doux Eole, moulin à vent et à paroles. Je suis ton Don Quichotte, je saute et virevolte. Je pointe en demi-pointes, mon corps plie et se brise. Cambrée dans mes chaussons j'affronte la mousson. Tourne, tourne petit moulin au gré du vent marin. Je danse et pirouette, d'un chassé bravant la tempête. Tourne petit moulin à vent, à eau. Enveloppée du Sirocco ou dans la chaleur de l'Autan, je fais à mon ami la bise. Oh le doux Zéphyr que voilà ! Gratifions-le d'un entrechat. Et pour éviter l'Aquilon je pivote et je fais le pont. Les bras levés, le cœur battant, je glisse et saute au gré du vent.
Moulin rouge, moulin de la galette, comme un pantin, une girouette, autant en emporte le vent...

(Marie-José)

L'Opéra-Comique de Paris, ce soir-là, était comble. A l'affiche, « Don Quichotte » de Massenet avait attiré une foule de mélomanes de tous âges.
Lorsque le rideau se leva, l'orchestre entama l'ouverture de l'opéra et les spectateurs purent apprécier le décor qui leur était offert : un paysage semi-désertique, un peu lunaire, parsemé de quelques cactus avec, au premier plan, à droite (côté cour) un moulin à vent et au fond, Don Quichotte, monté sur Rossinante, son cheval, suivi de son fidèle serviteur

Sancho Pança, juché sur son âne... L'ouverture terminée, l'orchestre entama la musique du premier acte, une danseuse en tutu long entra sur scène en exécutant des entrechats et des pirouettes, tandis que les ailes du moulin commencèrent à tourner.

Ce qui se passa ensuite fut très rapide : les ailes du moulin tournèrent de plus en plus vite à tel point qu'à un certain moment l'axe se déboîta et l'ensemble se mit à monter à la verticale vers les cintres, tel un rotor d'hélicoptère. L'orchestre continua de jouer comme si rien d'anormal ne s'était passé et la danseuse persista dans ses pirouettes selon le principe bien établi : « Malgré les avatars, le show ne doit pas s'arrêter... » « The show must go on ! »

Un fait qui n'était pas prévu non plus fut que les ailes du moulin, tournant toujours rapidement comme une hélice, coupèrent des cordes supportant des décors correspondant à d'autres opéras ou ballets, si bien que tour à tour et à intervalles presque réguliers ces décors tombèrent sur la scène tout en restant verticaux, au grand plaisir du public qui, bien sûr, ne s'attendait pas à pareil spectacle. On eut donc droit, entre autres, successivement à Giselle, Casse-Noisette, Rigoletto, le Lac des Cygnes, Carmen, Manon etc. et, comble de bonheur, à chaque changement de décor, l'orchestre et la danseuse jouèrent le jeu et s'adaptèrent immédiatement au livret musical du nouvel arrivant...

Le public, croyant que tout ceci était voulu, applaudissait à tout rompre car ce spectacle avait un caractère extraordinaire de « jamais vu ».

La danseuse fourbue, exténuée, revêtue maintenant d'une petite culotte blanche et de son bustier (le reste étant parti suite aux énormes courants d'air produits par la pseudo-hélice) finit par se coucher sur le dos, les bras en croix, juste au moment où prenait place le dernier décor, représentant une plage de sable au bord d'une mer calme et bleue : le public, croyant de plus en plus que cela faisait partie du spectacle (et que la danseuse mimait un bain de soleil) se leva comme un seul homme, applaudit et cria sa joie et ses bravos devant une telle synchronisation... Des programmes et des chapeaux volèrent, ce fût du délire : on se serait cru aux arènes de Séville, lors de la feria annuelle... Soudain, la danseuse se releva et courut vers les coulisses. A ce moment-là, comme si tout était calculé, le rideau lui-même tomba solennellement sur la scène comme pour signifier que le spectacle était terminé.

Toutes les lumières s'allumèrent, le public n'en pouvait plus de s'extérioriser et de manifester son plaisir. Ce fut une « standing ovation » avant de quitter les lieux.

Les spectateurs, ébahis et encore agréablement surpris, sortirent du théâtre en pensant fortement que pour la première fois au monde, un metteur en scène avait eu la formidable idée de créer une sorte de diaporama à l'aide de décors de théâtre

C'était un vendredi soir, jour de gala à l'Opéra-Comique de Paris, rue Favart, et on en parle encore dans le deuxième arrondissement.   **(Jacques)**

Clap, clap, clap, un, deux, trois, un, deux, trois, talon, pointe, talon, pointe, et on continue…

Et voilà, la répétition est terminée.

Un peu plus tard, l'œuvre musicale débute et notre danseuse se concentre, prête à s'élancer mais c'est encore ce maudit chausson qui blesse.

Elle s'élance, se tord le pied, perd l'équilibre et voilà une débauche de bras et de jambes qui moulinent dans tous les sens, espérant rétablir l'équilibre.

Un vrai spectacle catastrophe ? Non, un moulin à vent même pris dans une épouvantable tempête, devient le sauveur de la belle.

(Michèle)

Dialogue, en découdre et ensuite se réconcilier

Dialogue entre deux personnages qui vont en découdre pour ensuite se réconcilier. Les deux phrases banales du début sont imposées :
1) « Voulez-vous un café ? »
2) « Oui, pourquoi pas ? »

-Voulez-vous un café ?
-M… oui, pourquoi pas ?
-C'est ce que vous buviez « avant », n'est-ce pas ?
-Qu'est-ce que vous voulez dire par « avant » ?
-Vous le savez bien.
-Oui mais je voudrais vous l'entendre dire.
-Avant… Avant, lorsque nous étions amis.
-Oui, du temps où l'on se disait « tu ».
-Voilà.
-Vous me parlez d'un ton mielleux comme si nous devions revenir à nos anciennes relations.
-Je voudrais bien…
-Il n'en est pas question. Ce n'est pas la peine de faire « comme si »
-« Comme si » quoi ?
-Comme si ce n'était pas ma femme qui vit sous votre toit.
-Ce n'est plus votre épouse, c'est la mienne à présent.
-Voleur !
-Elle a choisi mon camp, c'est tout. Elle a préféré un homme sobre, attentionné, travailleur…

-Vous m'avez tout pris : femme et enfants.

-Oubliez, tournez la page. Bon, garçon ! Deux cafés, s'il vous plaît.
-Je n'en ai rien à cirer de votre jus de chaussette. On n'est pas du même bord.
-Ah ! Toujours hargneux, à ressasser les ressentiments, la rancœur... Vous n'êtes pas drôle.
-Et vous, pauvre pitre ! Ma consolation, c'est qu'elle te trompe depuis fort longtemps.
-Menteur !
-Dans le fond, tu avais raison tout à l'heure, redevenons amis et piégeons l'imposteur !

(Marie)

(*Deux collègues se retrouvent en salle de pause...*)

- Voulez-vous un café ? Dit le plus jeune, Eric, s'adressant à son collègue Marc qui s'avance vers la machine à café.
- Oui, pourquoi pas ? Mais en quel honneur ? Vous qui lorgnez ma place depuis un bout de temps...
- Votre place ? Mais à quoi pensez-vous ? Vous délirez ! réplique aussitôt Eric tout en jetant un œil à la tasse qui se remplit.
- Ne faites pas l'innocent, s'échauffe Marc. Quelle place, quelle place ! Vous connaissez notre directeur, vous fréquentez assez souvent son bureau ! Je suis

même sûr que vous savez où il prend ses vacances cet été, n'est-ce pas ?

- Oui et alors ?

- Alors, moi non... !

- C'est votre affaire ! s'exclame Eric, la tasse de café commençant à refroidir dans sa main

- Bon ! Donnez-moi ce café ! Dit Marc sur un ton agacé. Beurk ! Il est froid ! Vous pouvez m'en offrir un autre !

Le collègue actionne la machine et tend aussitôt la tasse chaude à Marc :

- Tenez ! Attention c'est chaud ! précise-t-il

- Il n'est pas sucré... Moi je sucre mon café, pas comme ma femme. Vous devez confondre, sourit Marc.

- Qu'insinuez-vous ? Voilà des années que je ne l'ai pas vue votre épouse !

– Ah bon ? Hier elle est rentrée tard le soir et vous savez quoi... Elle m'a dit aussitôt : voulez-vous un café ? Et vous savez quoi... s'échauffe Marc, elle me l'a servi froid et en omettant le sucre, comme vous ! Coïncidence, hein ?

- Je ne vois pas le rapport... bredouille Eric

- Je vais vous le dire, moi, le rapport ! Ce matin, je rencontre le directeur ici-même et étonnamment il me dit aussitôt, un petit sourire aux lèvres : voulez-vous un café ?

- Non ! L'interrompt Eric, vous n'allez pas me dire que ce café était froid et non sucré !

- Eh bien, si ! s'écrie Marc au comble de l'exaspération. Et puis tenez, il a refroidi et je n'en veux plus de votre café. Je vous le laisse. Ça tombe bien, les scientifiques viennent de démontrer l'effet bénéfique du café sur les neurones dégénérés. Vous qui êtes si loin de la retraite, je vous l'offre pour tenir jusque-là ! Sur ce, il est temps de retourner travailler, n'est-ce pas ? Attention ! Vous vous trompez de porte, n'entrez pas, c'est la porte du directeur ! Votre bureau est encore à l'étage du dessous !

(Marie–Christine R.)

- Voulez-vous un café ?

- Oui, pourquoi pas ?

- Ca va vous aider à ravaler vos rancœurs.

- Mes rancœurs, ou les vôtres ?

- Ce n'est pas un café qui va me faire accepter votre refus de priorité et l'envoi de ma voiture à la casse.

- Mais vous avez été indemnisé.

- Indemnisé, mais en plus du tracas de la recherche d'une nouvelle voiture, que faites-vous de l'affectif lié aux souvenirs avec cette voiture ?

- Souvenirs, souvenirs... Allez, il faut avancer, vivre avec son temps... Ça vous permettra d'avoir un véhicule de votre époque pour frimer et draguer les minettes ! Une Décapotable, pourquoi pas ?

- A 75 ans, c'est tout vu... les minettes, ce n'est pas prouvé, et la décapotable, bonjour la bronchite et les courbatures... tout juste bon pour l'infirmerie.

- Et bien quoi, je vous propose une nouvelle vie bien plus trépidante que vos chers souvenirs et vous avez l'air de n'opposer que du mépris.

- Mépris non, mais il faut avoir les moyens d'assurer. Si les rôles étaient inversés, quelle serait votre réaction ?

- Je serais ravi de m'acheter un bolide mais pour ce qui est de « la bombe » à faire monter à côté de moi, c'est une autre paire de manches. Et mes rhumatismes ?

- Ah vous voyez, vous arrivez à la même conclusion que moi.

- Tout ça, c'est bien beau, alors il vaut mieux vivre avec ses souvenirs que de courir après des chimères...

- Donc, vous auriez dû faire plus attention et ne pas me percuter ! Nous n'aurions pas cette discussion stérile...

Oui, oui, c'est vrai. Alors ce café, ça vient ?...

Tiens donnez-moi plutôt un déca, potable...

(Michèle)

Les vains mots en 20 mots ?

Ecrire une histoire (poétique, humoristique, policière, historique ou de fiction...) en y incorporant les vingt mots ci-dessous dans n'importe quel ordre, en montrant que ce ne sont pas des vains mots : abonder, chou, Cochise, électrique, entrechat, fontaine, garage, girouette, gravière, horizon, jardin, Kheops, mercurochrome, minière, minimal, mohair, revenant, sourire, strangulation, tournevis...

Dans la *gravière* très obscure, peuplée d'ombres fantasmagoriques sous les lueurs de l'*horizon*, l'inspecteur *Khéops*, en *revenant* sur ses pas, alluma sa lampe torche *électrique* et découvrit une scène à laquelle il avait souvent rêvé sans jamais y croire vraiment ! Le célèbre gangster Simon Kuçoné, au triste palmarès de tueur sanguinaire spécialiste de la *strangulation*, et surnommé « *Cochise* » en raison de sa longue chevelure de *mohair* noir, gisait moribond sur les cailloux mouillés de sang, un *tournevis* cruciforme neuf planté dans le cœur ! Il semblait vouloir dire quelque chose et sa bouche faisait comme des bulles de *mercurochrome* qui crevaient en syllabes indistinctes. L'inspecteur se pencha tout près et l'entendit murmurer dans un *sourire* grimaçant : « Cette fois l'heure a sonné haha... hum, tu vois Khéops, je n'ai pas eu de *chou* .... ». L'inspecteur *abonda* d'un air tragique et en se relevant ne put s'empêcher d'esquisser un *entrechat* d'allégresse. Il faut dire que c'était le point final d'une chasse à l'homme qui durait depuis plusieurs années. Il pourrait désormais mettre au *garage* son révolver et sa Subaru, et prendre enfin un repos *minimal*, se prélasser un peu dans son *jardin* auprès de la *fontaine,* au lieu de courir les quatre *horizons* et s'agiter comme une *girouette.* Mais sa stupéfaction était profonde comme une galerie *minière* : le mystère restait entier, qui avait planté ce *tournevis* (neuf) dans la poitrine de *Cochise* ? Pas un revenant tout de même...!

(Sylvie)

Le revenant avait bonne mine…

Un *revenant,* tout *sourire,* mort par *strangulation* hantait une *gravière* tout en faisant des *entrechats.* On le disait descendant de *Cochise* car il aimait se promener dans les *jardins* sauvages, amoureux des *fontaines.*

Il arborait des genoux coloriés au *mercurochrome,* un pull en *mohai*r et se promenait avec un *tournevis* volé dans un *garage,* qu'il déposait parfois sur le toit en guise de *girouette.* On le retrouva finalement près de la pyramide de *Khéops,* sa présence rendant l'air *électrique* ou *minimal.* Les *choux* dont il était friand *abondaient* dans la région. A *l'horizon,* on pouvait distinguer les anciennes structures *minières.*

(Marie)

Le faux dictionnaire (suite)

On joue sur le sens des syllabes, les sonorités, en gardant si possible un lien avec la définition exacte du mot, pour provoquer un amusant double effet.

Grippe-Sou…
-Médecin qui soignait les grippés contre espèces sonnantes et trébuchantes. On appelait sa méthode l'art Pagon.

(Marie)

-Personne allergique, que toute dépense rend malade

(Marie-Christine R)

-Rat des villes ou rat des champs qui vous prend en grippe dès que vous lui demandez un sou.

(Antoine)

Grognon…
-Coup de poing monstrueux qui rend grincheux.

(Marie)

-Un sacré hématome !   **(Jacques)**

-Direct du droit qui envoie un boxeur au tapis ce qui gâche son humeur !

(Marie-Christine R)

-Belle pêche que l'on peut prendre en pleine poire, un peu comme une châtaigne qui vous mettrait un œil au beurre noir, mais sans ronchonner

(Antoine)

L'escalier plutôt que l'ascenseur ?

Sujet à traiter : pourquoi prendre l'escalier plutôt que l'ascenseur ? Ou inverser : pourquoi prendre l'ascenseur plutôt que l'escalier ?

Le savoureux destin de nos gouttes de sueur

On me demande de répondre à cette question vitale :
Pourquoi prendre l'escalier plutôt que l'ascenseur ?
A notre époque de « crise », de domination de l'économie, de sa toute puissance, par souci d'épargner notre capital temps, plus précieux que la Caverne d'Ali Baba ou le cours de la Bourse, j'en profiterai pour répondre à la question jumelle aussi cruciale : Pourquoi les gens s'endettent-ils ?

Pourquoi prendre l'escalier plutôt que l'ascenseur ?
J'aime descendre les escaliers, c'est pourquoi je les monte.
Descendre les escaliers se fait sans moi, tout seul, naturellement, sans effort. La liberté est accessible, à portée de pied, le corps devient oiseau, ça chante dans les mollets, les rotules, les chevilles. L'air frais siffle aux oreilles, caresse les cheveux, je jubile comme lorsqu'on a droit au dessert parce qu'on a bien mangé sa soupe.
Pour monter, vous prenez l'ascenseur ?

32

Que nenni, point ! L'ascenseur est l'appel de la paresse, la voie facile, la volonté rassise, l'imagination courte, l'adhésion moutonnière aux nouvelles technologies ; cela sent le tonus en berne, le muscle mesquin, la jambe en faillite, la cuisse en deuil, la hanche boursoufflée. Le plaisir est de courte durée... L'esprit n'est pas convoqué. Comment connaitrais-je la sensation de voler si je n'ai pas soufflé, sué, senti chaque membre qui ploie sous l'effort ? Comment saurais-je que je suis heureux si je n'ai pas subi trente-six chandelles, si mon cœur n'est pas pratiquement sorti de ma poitrine ?

J'aime descendre les escaliers parce que, avant, je les ai montés.

Moralité : Il faut souffrir pour atteindre le savoureux destin de nos gouttes de sueur transformées en plaisir stable, bien-être vivace, petit bonheur, joie.

Et la question : Pourquoi les gens s'endettent-ils ?
Les gens s'endettent parce qu'ils empruntent l'ascenseur !

(Marie)

L'occis gêne

Ecriture d'une nouvelle humoristique sur le thème :
« Quand l'occis, gène... » Au choix, mode policier ou
une rencontre extraordinaire...

Caractéristique : *écrire une nouvelle, c'est raconter*
une histoire réaliste ou fantastique qui est arrivée à
quelqu'un... Ici, pas d'explications interminables ou
de narration trop « introspective » et personnelle...
(Peu de personnages en règle générale)
Il faut résister à la tentation d'en rajouter. Être assez
synthétique sans fioriture, ou digression, tout en
verbe. Choisir un point de vue narratif : récit,
dialogue, monologue, ou alternés.

Si elle fait réfléchir, c'est en montrant brièvement, de
manière concise. La Nouvelle est prise du vécu ou qui
aurait pu arriver, drôle ou pathétique. Il faut qu'elle
soit inventive, décalée, dérangeante... La chute finale
en éclaire le sens ; inattendue ou amusante.

Panique à bord... Qui a occis la belle ?

Tahiti-Paris 24 heures de vol ! Mes jambes
interminables vont encore me rentrer dans le corps et
me faire payer l'addition à l'atterrissage. Je redoute
encore plus les hurlements des mômes qui refusent de

se laisser saucissonner pour le décollage et les files d'attente aux chiottes. Mais j'ai une chance de cocu cette fois-ci. Avec leurs sempiternelles histoires de surbooking, mon siège est déjà occupé en classe économique et l'on m'attribue une place en classe affaires. Royal. Oh pas la meilleure, faut pas exagérer : juste à côté du local attribué au personnel de bord. Néanmoins, mes guibolles frétillent de reconnaissance. C'est bien quand même d'avoir de l'oseille ! Outre le confort, la bonne bouffe, le champagne à gogo, on offre aux voyageurs de 1ere classe le personnel le plus sexy : en l'occurrence un steward au faux air de Marlon Brando et deux bombes qui ne laisseraient pas indifférent un prince de Hongrie. Je sens que je vais aimer ce voyage d'autant plus que j'ai dans ma ligne de mire le Président de la Polynésie française. Ce n'est un secret pour personne : le vieux barbon a la réputation d'agiter souvent le goupillon d'amour. Comme d'habitude il est accompagné d'une jeunette. Cela n'empêche pas notre chaud lapin de jouer de la prunelle avec l'une des hôtesses. Avec des airs de suffisance, il commande un whisky. Une fois servi, il lutine la demoiselle et lui caresse ostensiblement la main. Celle-ci prend un air de duchesse effarouchée, tandis que la pintade qui accompagne le vieux se transforme en oie furieuse et jette des regards noirs. Notre Marlon Brando de service ne semble pas apprécier le manège du Président et demande froidement à sa collègue de sortir de l'aire du vieux rapace. Son petit ami peut-être ?

35

Je saisis au vol le sourire satisfait de l'autre hôtesse. Oh la vilaine balance ! Je jubile : pas de film, ni de musique, je suis au théâtre ce soir et aux meilleures loges pour jouir du vaudeville. J'avoue que je suis un voyeur un peu pervers et que mon imaginaire est comme une salle de cinéma multi-complexe : je construis, déconstruis, échafaude des scénarios à l'infini.

On nous sert un excellent repas. Avant l'extinction des feux, je vois l'hôtesse gironde revenir vers le Président et lui chuchoter quelques mots à l'oreille. Celui-ci la suit vers le bar l'œil guilleret. Le saligaud ! J'aurais aimé voir la suite du feuilleton mais un dîner trop copieux et bien arrosé a eu raison de ma curiosité et je sombre dans le sommeil avant le retour du vieux séducteur. Dans une demi-léthargie, j'ai entendu, venant de la cabine du personnel des éclats de voix feutrés entre deux personnes de sexe féminin. Bon sang impossible de garder l'œil et l'oreille ouverts. Bien malgré moi, je me suis endormi comme un sabot jusqu'à ce que je sois réveillé par des cris horribles provenant du local du personnel. Je me précipite et arrive le premier, suivi par les autres passagers. Un homme désigne du doigt un corps inerte sur le sol : c'est celui-ci ! Le steward est arrivé sur les lieux quelques secondes après nous. Surexcité, il nous intime l'ordre de regagner nos places et nous dit qu'il fait le nécessaire, de ne pas s'inquiéter. J'ai eu le temps d'apercevoir la face tuméfiée de la pauvre fille et un mince filet de sang le long de son oreille.

Branle-bas de combat. Une délégation arrive composée d'un pilote, du chef de cabine et d'autres encore. Au micro, ils demandent s'il y a un médecin dans l'avion. Par chance il y en a un. Une oreille inquiète entend tout, même le bruit des murmures : je finis par comprendre que le toubib constate la mort de la victime. Au milieu d'une bouillie verbeuse, je capte le mot oxygène. Tout tourne dans ma citrouille : oxygène, occis gêne… Pas facile à gérer un macchabée dans une carlingue. Panique à bord. Du vaudeville, nous allons passer au drame shakespearien. Nous survolons Los Angeles pour une escale prévue d'une heure. Mais on nous annonce que les passagers de la classe affaires vont devoir être entendus par la justice américaine. Quand un crime est découvert dans un avion, c'est la juridiction du pays survolé qui est habilitée à le résoudre. Le corps a été découvert au-dessus des eaux américaines. Au brouhaha des protestations des passagers, succède un silence de mort, si j'ose dire.

J'aperçois le Président qui n'a pas l'air vraiment contrarié. Celui-là va probablement jouir d'un traitement de faveur. Tandis que pour les autres, sur le plan des emmerdements, c'est 36 fois la mise. A la descente d'avion, ce n'est plus un drame mais un cauchemar. Parqués dans une pièce sans âme pendant des heures, les condés yankees vont nous faire subir des interrogatoires courtois puis musclés pour quelques–uns d'entre nous : les quelques suspects finalement retenus, le steward, petit ami de l'hôtesse, l'autre hôtesse, un passager de la classe affaires qui a essayé de jouer la fille de l'air et… mézigue. Eh oui, ancien roi de la cambriole, je traîne un casier judiciaire à rallonge. Comme prévu, notre Président et sa pimbêche ont été tout de suite relâchés. Ben voyons, pourtant je les aurais classés premiers sur la liste des suspects.

Vous vous demandez qui a occis la belle. Ne cherchez plus. Je vous écris d'une taule de Los Angeles. Je porte le matricule F 1248. J'en ai pris pour 20 ans. Je me suis bêtement fait coincer en laissant des empreintes sur les vêtements de l'hôtesse. Un coup de folie. Je me suis réveillé la nuit avec la gorge sèche. Je suis allé dans la cabine du personnel pour réclamer un verre de jaja. Notre petite hôtesse peu farouche était là avec son sourire enjôleur.

Une pulsion imbécile m'a poussé à essayer de l'embrasser. Elle a eu une réaction étonnante : avec une moue de mépris, elle m'a balancé une gifle en disant qu'elle détestait les alcooliques. Humilié, je lui ai envoyé un bourre-pif et je me suis enfui. Il paraît que sa tête a heurté le coin du comptoir. Elle est morte sur le coup.

Comble d'ironie pour un monte-en-l'air, la prison est survolée nuit et jour par les avions qui décollent de l'aéroport de Los Angeles, comme pour me rappeler tous les jours l'addition : une seconde de chatouille, 20 ans de calbouse...

(Irène)

L'occis...gène

Il fait beau, il fait chaud, même trop chaud. Dans la piscine de Panassac, fleuron du village gersois puisque première piscine découverte construite dans le Gers dans les années cinquante, c'est comme partout ailleurs dans ce genre de lieu : on nage, on plonge, on piaille, on rit, on se bouscule au plongeoir, on se prélasse au soleil... Tout semble donc baigner... dans une douceur estivale insouciante.

Et pourtant... Tenez, assis là-bas, ce petit garçon qui se ronge les ongles, il se rappelle qu'il a menti à ses parents qui le croient chez son cousin. Et ce quinquagénaire aux tempes grisonnantes, le bras entourant les épaules d'une petite jeunette de vingt ans sa cadette, pourquoi jette-t-il souvent des coups d'œil rapides vers l'entrée ?

-« Et si ma femme arrivait à l'improviste ? Ah ! J'aurais dû choisir un endroit moins fréquenté, je suis trop bête ! » pense-t-il.

Quant à la dame blonde qui s'amuse avec son fils dans l'eau... que d'insouciance et de gaieté dans leur jeu... sauf que, soudain, au bord de la piscine, un individu en jean et tee-shirt se précipite vers elle, pistolet au poing.

-« Ciel ! Mon mari ! » s'écrie notre jolie blonde et de plonger tête la première sous l'eau, cul en l'air, et de déployer une brasse sous-marine sur toute la longueur du bassin, comme si l'eau la sauvait du regard de l'autre.

-« Vite ! Un peu d'oxygène ! Je remonte ! »

-« Pourquoi es-tu partie ? Je t'avais prévenue que... » hurle l'individu qui la menace toujours de son pistolet, arpentant le bord du bassin comme un lion en cage.

-« Il est encore là ! Ne plus l'entendre ! » se dit-elle.

Gloup ! Re-plongée, cul en l'air, autruche qui ne veut pas voir le danger.

-« Mon fils ! Où est-il ? » se demande-t-elle subitement anxieuse. Que se passe-t-il là-haut, que font toutes ces paires de jambes qui tapissent les murets du bassin telles des barreaux de prison ? Ah ! Voici le maillot du petit. Il ne faut pas qu'il bouge de là ! Je ne perçois plus de bruits ambiants, que ses hurlements à lui, ses hurlements...

Ce sympathique tête-à-tête entre notre Mars gersois et sa blonde sirène n'est pas du goût des baigneurs : les uns, effrayés, se réfugient vers la sortie et le quinquagénaire adultère saisit l'occasion de s'éloigner avec sa compagne ; les autres sont collés aux bords du bassin, tétanisés. Le maître-nageur garde cependant toute sa lucidité, se saisit discrètement de sa perche et l'abat violemment sur la tête de l'importun dieu guerrier que voilà jeté à l'eau, en visite chez Neptune et Morphée, réunis pour la bonne cause.

La gardienne appelle aussitôt la gendarmerie:

-« On a besoin de vous à la piscine ! Un énergumène qui ne manque pas d'air, est entré très menaçant. Il a été maîtrisé d'un coup sur la tête et en a eu le souffle coupé. Mais à présent cet occis gène dans le bassin et je crains même que ce soit un occis mort... Zut !

On a été coupés » se dit-elle en rangeant son mobile.

Quelques minutes plus tard, tels Starsky et Hutch, deux gendarmes déboulent de leur engin et se précipitent à l'intérieur de la piscine, l'un tenant un masque, l'autre une bonbonne d'oxygène… croyant secourir un asphyxié.

Au vu de la méprise et de la confusion qui s'ensuit, l'occis ne veut pas gêner davantage ; il a récupéré ses esprits dans l'eau froide et prend ses jambes à son cou, enfin... tant bien que mal, claudiquant comme une fourmi à qui des enfants cruels auraient arraché trois pattes et titubant comme si, au lieu de rencontrer Neptune, il avait plongé chez Bacchus. Quoi qu'il en soit, il peut courir à perdre haleine : les gendarmes seront équipés pour le sauver !

Tout à coup, un coup de feu éclate et un des deux gendarmes s'effondre, touché à la jambe par son collègue. Le fuyard se retourne et il réalise qu'ils sont là, tout près de lui ! Pris de panique, il brandit son pistolet, tire... et asperge d'eau les représentants de la maréchaussée. Puis il éclate d'un fou-rire nerveux et s'écrie : -« C'était juste une mauvaise plaisanterie pour faire peur à ma femme qui m'a quitté. Le pistolet est factice et s'est rempli d'eau dans la piscine tout à l'heure ! »

Les pauvres gendarmes, humiliés, en ont... le souffle coupé et s'empressent de demander une ambulance et des renforts pour emmener le farceur prendre l'air à la gendarmerie et lui donner un second souffle de lucidité !

(Marie-Christine R)

Quand le sujet fait faux bond !

Le commissaire « Jojo » était dans une gêne extrême. Ils avaient tous vu la victime, le sujet occis, complètement raide. Mais où était-il ? Quel était-il ? Le sujet occis était invisible aux yeux du commissaire Jojo. Il ne pouvait rien en dire, rien mais rien !
Sa gêne redoublait, l'angoisse l'étreignait, il en le souffle. Il allait mourir, c'est sûr, dans les lugubres ténèbres de l'au-delà, rencontrerait-il le sujet inconnu à ses yeux ? Ce sujet occis ?
Comment allait-il rendre des comptes ? Mais la mort était plus forte. Il se laissa aller tout doucement…
Et c'est tout étonné qu'il se réveilla de cet affreux cauchemar. Il avait un masque à oxygène sur le nez. Enfin Jojo pouvait respirer…
Avec l'oxygène, terminé l'occis, terminé la gêne…
Le sujet ne faisait plus faux bond !

(Odette)

Max et son épouvantail

Quinze minutes avant l'heure de départ du rapide Paris-Bordeaux, Max monta dans la voiture n°9 et s'installa dans le compartiment où sa place réservée se trouvait être un coin-fenêtre.
Il portait avec lui un sac de voyage et un épouvantail contre les oiseaux qu'il avait acheté la veille aux Puces de Saint-Ouen pour une somme très modique : en fait,

cet épouvantail était assez sophistiqué, fait d'une sorte de caisse ressemblant à un sarcophage de l'Egypte ancienne, mais en bois léger et très solide ; cette caisse était habillée extérieurement de vêtements masculins, une tête en cire coiffée d'un béret basque couronnant le tout ; l'ensemble donnait l'impression que l'on avait devant soi un être humain. Des poignées latérales permettaient de transporter le tout avec beaucoup d'aisance. Comme le filet à bagages était trop étroit, Max installa son épouvantail verticalement dans le coin à côté de lui. Max Hillaire (c'est son nom...) est viticulteur dans le Bordelais et était très satisfait de son acquisition. Un couple de jeunes trentenaires vint s'installer en face de lui quelques minutes plus tard, puis le train s'ébranla.

Max regardait le paysage qui défilait rapidement... Il finit par s'assoupir, puis par s'endormir profondément.
Le train poursuivait sa course vers le sud-ouest, le temps passait vite, inéluctablement, lorsque Max fut brutalement réveillé par des cris poussés par sa charmante voisine d'en face : « Mon époux a disparu, il est parti il y a près d'une heure, et il n'est pas encore revenu ! »
Pris de compassion, Max lui proposa de l'aider et de partir à la recherche de son mari. Elle partit dans une direction, Max prit la direction opposée... Il traversa plusieurs wagons, vérifiant partout pour voir s'il trouvait trace du disparu...

En fin de course, il pénétra dans le wagon-bar où, fatigué et assoiffé, il s'offrit une bière. Reposé et désaltéré, il regagna sa voiture et sa place. Grande fut sa surprise de trouver l'époux de sa voisine assis à sa place, mais la jeune femme n'était pas encore revenue. Il fit part au jeune homme de la recherche effectuée, car sa jeune épouse était très inquiète : le mari lui répondit en souriant qu'il n'y avait pas lieu de s'inquiéter, qu'il était allé aux toilettes et en avait profité pour fumer un cigare...

Max remarqua alors avec effroi que son épouvantail avait disparu...! Il se leva, inquiet, et partit vers les toilettes: il y entra, ferma la porte au verrou... et fut pris d'un véritable haut-le-corps ! Son épouvantail était là, coincé à l'horizontale dans le hublot ouvert, une moitié vers l'extérieur, et l'autre visible devant lui... Il essaya de le décoincer, sans succès.
Il ressortit rapidement, à la recherche d'un contrôleur : il en trouva un, en train de vérifier les billets dans la voiture voisine : il lui demanda de venir avec lui de toute urgence. Arrivés près des toilettes, Max lui exposa les faits et lui demanda s'il était opportun de tirer sur l'alarme pour arrêter le train ; le contrôleur nia l'urgence, mais l'informa qu'il allait téléphoner à la gare de Bordeaux pour demander de l'aide à l'arrivée. En attendant, ils essayèrent tous les deux de faire rentrer l'épouvantail à l'intérieur du wagon, sans succès. Ce faisant, Max réalisa que le contrôleur avait la main gauche bandée, que son col de chemise était ouvert et

que le « sarcophage » était beaucoup plus lourd qu'auparavant : il en fit part au contrôleur en lui expliquant ce qui s'était passé dans le compartiment, ainsi que la recherche organisée par lui-même et l'épouse du soi-disant disparu.

Le contrôleur raccompagna Max à sa place et tous les deux constatèrent que l'épouse en question n'était pas encore revenue et que son mari dormait du sommeil du juste... Aucune parole ne fut prononcée mais Max comprit que le contrôleur allait prévenir la gare de Bordeaux pour demander l'organisation d'un « comité d'accueil ». Dès ce moment-là, Max fut persuadé que le mari était coupable de la disparition de son épouse...

Lorsque le rapide entra en gare de Bordeaux-Saint-Jean, un groupe d'une vingtaine de personnes attendait sur le quai à la hauteur de la voiture n°9 : Max reconnut l'uniforme de la Police et celui de la SNCF parmi quelques personnes en civil. Les policiers bouclèrent immédiatement le wagon pour éviter que les passagers ne disparaissent dans la foule. Le contrôleur, Max, le mari de la jeune femme disparue et le reste des occupants de la voiture, entourés de policiers, furent conduits dans une salle de la gare avec leurs bagages. Max réalisa avec surprise qu'il fut nécessaire de mobiliser quatre personnes pour dégager son épouvantail et pour le porter jusque dans la salle où était organisée cette sorte de réunion d'enquête. Toutes les personnes présentes furent priées de s'asseoir, surveillées par les policiers.

Le personnel de la SNCF et les policiers en civil commencèrent à poser des questions à tour de rôle et demandèrent qui était le propriétaire de l'épouvantail. Max se leva pour se faire connaître et ajouta que son colis était actuellement beaucoup plus lourd qu'il ne devait l'être ; quelqu'un découvrit alors des taches de sang sur les vêtements usés de l'épouvantail et celui qui semblait être le « chef détective » du groupe demanda que le « sarcophage » soit transféré dans une pièce adjacente où trois ou quatre personnes l'accompagnèrent.

Quelques minutes passèrent, puis Max remarqua que son voisin de compartiment, assis près de lui, commençait à transpirer fortement, à s'énerver sur sa chaise et même à pleurer.
Le détective revint et appela Max, lui demandant de venir avec lui dans l'autre pièce : « Vous m'avez dit que cet épouvantail est à vous... Connaissez-vous la personne morte qui était enfermée à l'intérieur ? » Max blêmit à la vue du corps et crut comprendre brutalement la succession des faits depuis le début, il répondit : « Oui, c'était ma voisine de compartiment, l'épouse du passager assis à côté de moi dans l'autre pièce ». Le détective ajouta : « On a trouvé ses papiers dans son sac. Elle s'appelle Madame Eve Vantail... »
« Eh bien, répondit Max en souriant, l'époux Vantail est à côté et le mien est ici... »

Max pensa que l'enquête touchait à sa fin, mais suite à l'interrogatoire de Monsieur Vantail, il se produisit un rebondissement inattendu : ce dernier expliqua que, profitant de l'absence de Max dans le compartiment, il emporta l'épouvantail pour le ranger dans les toilettes car il n'en supportait pas la vue. Il y trouva sa femme, déjà morte, couchée par terre : elle avait des taches de sang sur tout le corps, mais surtout elle avait été étranglée à l'aide d'un morceau de tissu qu'elle avait encore autour du cou. Il ajouta qu'il eut peur qu'on le prit pour l'assassin et se dépêcha de mettre le corps dans la caisse de l'épouvantail et essaya de la faire passer par la petite fenêtre afin de la faire basculer vers l'extérieur... sans résultat, car elle se coinçait ! Il se dépêcha de se laver les mains car elles étaient couvertes de sang. Il sortit des toilettes, un passager le vit courir alors qu'il s'essuyait les mains, puis il regagna sa place en pleurant le décès de son épouse... et s'endormit, fatigué.

Immédiatement Max pensa que Monsieur Vantail mentait... et crut déceler chez le détective la même opinion. C'était sans compter sur le passager témoin de la fuite de Monsieur Vantail : il avait, bien sûr, écouté le récit de ce dernier et déclara qu'il était impossible qu'il fût l'assassin de son épouse. Tous les assistants s'étonnèrent, Max en tête. « Pourquoi êtes-vous aussi affirmatif ? » demanda le chef détective : le témoin répondit immédiatement : « Parce que le coupable est le contrôleur SNCF qui est ici avec nous et qui n'a encore rien dit ! » Le contrôleur essaya de fuir, et se débattit sans espoir lorsqu'il fut empoigné par des policiers. Le détective lui demanda s'il avait quelque chose à ajouter ; il ne répondit pas tout de suite, puis tenta de trouver une échappatoire et cria en se débattant. Après quelques secondes, il avoua : « Oui, c'est moi le coupable...! »

Il s'avéra que le contrôleur avait vu la charmante Madame Vantail entrer dans les toilettes et, pris d'une pulsion soudaine, il l'avait bousculée et poussée à l'intérieur en tentant de la violer. Elle avait riposté, l'avait mordu profondément à la main (d'où le pansement, pensa Max...) et tout se termina par le meurtre par strangulation de la pauvre jeune femme (on constata par la suite que le morceau de tissu qui lui enserrait le cou était ni plus, ni moins, que la cravate d'uniforme du contrôleur... Ce fut la dernière preuve irréfutable).

Le mystère était résolu, mais malheureusement l'époux Vantail avait perdu son épouse... Max prit ses bagages et partit vers ses vignobles en pensant tristement à Eve Vantail...

(Jacques)

Les mots précieux ou rares

Les mots précieux ou rares ont parfois de drôles de définitions ; mais les vraies sont les dernières citées. Invention de fausses définitions à partir de ces mots:

Emberlucoquer (S') :
-Démarrer une maladie grave, la berlue   **(Josette)**
-Séduire en usant de ruse.   **(Marie-Christine L)**
-Se réfugier avec plaisir dans ses hallucinations à la suite d'une prise de produit illicite   **(Pierre)**
-Attraper la berlue en dégustant un œuf à la coque.

                                                (Jacques)
*-**Réel** : (Fam.) Désuet : s'entêter d'une idée, s'attacher aveuglément à une opinion.*

Enaser :
-Raccourcir le nez   **(Josette)**
-Opérer une ablation du nez   **(Pierre)**
-Refaire tout à l'envers. C'est nase !   ...**(Jacques)**
 -Couper les poils du nez pour mieux en tirer les vers.

                                                (Antoine)
*-**Réel** : Écraser le nez.*

Gniaf :
-Prison pour oiseau ou cage à oiseau   **(Pierre)**
-Diminutif de Gnafron.   **(Jacques)**
-Individu qui a pris un Gnon et perdu le pognon **(Guy)**
-**Réel** : Savetier ambulant, mauvais bottier, maladroit.

À la manière de...

Ecrire un pastiche et le traiter à la manière de... C'est prendre une œuvre connue pour qu'il y ait connivence entre le texte initial, l'auteur choisi, et le lecteur. Vérifier qu'il y ait assez d'éléments référents pour que le lecteur suive... L'effet comique est intéressant

Raconter un personnage (Chaperon rouge, D'Artagnan, Robinson Crusoé, Don Camillo, Charlot) à la manière de...(San Antonio, Agatha Christie, Coluche)

Le petit chaperon rouge…
(À la manière de San Antonio)

Ce matin-là, Madame Ginette Rouge s'est foutue dans un sacré pétard contre sa lardonne, Chaperon, encore enfermée dans sa carrée, vautrée sur son pageot, à se faire exploser les tympans sous son walkman hurlant. La porte s'ouvre à la volée : « dégage de lago feignasse et va porter ce pot de beurre et cette galette à ta mère-grand, elle a encore loupé les Restos du cœur et elle fait ceinture ! Je me suis décarcassée à cuisiner c'est pas pour rien ! Et que ça saute ! »

La môme en râlant enfile son manteau et coiffe son capuchon, empoigne le panier en pensant que Saint-Cloud-La Forêt ce n'est pas la porte à côté ! « Et fais gaffe au loup ma poule ! » Claironne la daronne depuis le balcon du 8ème étage du HLM.

Chaperon Rouge se baguenaude sur le chemin, le loup tu parles, faut pas qu'y vienne me chatouiller les tresses, fanfaronne la mirgue. Arrivée à l'entrée de la Forêt voilà qu'au détour du chemin, elle aperçoit le loup, sanglé dans son imper mastic et le feutre baissé sur ses Ray-Ban. Il les pousse sur le bout du museau et ses quinquets clignotent comme des gyrophares d'ambulance un soir de match PSG-Marseille, à la vue du joli petit lot, il lui dit : « Tu vas où Bébé ? »

-Je vais porter ce panier à ma vioque, rue Dépaumés, elle la saute devant son buffet vide, les boules quoi !
« Je la connais ta mémé, j'allais justement lui en serrer cinq. Écoute, on va faire la course, je passe par ici et toi par là et on verra qui arrive le premier chez Mémé d'ac ? »
Bon ça baigne, bougonne la môme désabusée.

Arrivée dans la banlieue pourrie de sa mère-grand, à la porte du pavillon elle entend une voix chevrotante qui lui dit : « tire la bobinette et la chevillette cherra »
-Fais pas chier mémé, j'ai les clefs !

Une fois entrée elle voit la mamie à cheval sur le Loup, le clouant d'une clé de judo, un genou sur la gorge !

« Tu te rends compte, il a voulu m'avaler toute crue ce cave ! Moi ceinture noire de judo, championne de karaté du club du troisième âge du quartier ! Non mais... » Et la voilà qui le jette dehors à coup de charentaises cloutées.

En se claquant les jambons, la môme Chaperon Rouge et sa mémé s'envoyèrent la galette et le pot de beurre à la santé toute relative du loup qui, gageons-le, ne s'y frottera plus...

(Sylvie)

Blanche Neige...
(À la manière de Serge Gainsbourg)

Blanche-Neige
Poupée de porcelaine
Cheveux d'ébène
Lèvres vermeilles
Née d'une mère défunte
Rentrée trop tôt dans l'enceinte
De tous les mal-aimés

Pauvre baby alone
Larguée au fin fond
D'une forêt de hêtres

Pour soigner le mal-être
D'une marâtre jalouse
De son sex-appeal maousse…
Au cœur de la jungle
Une maison tête d'épingle
Celle des 7 nains asexués
Couard, gueulard, crétin et cætera
Ils accueillent la petite nana
Et lui demandent comme seul loyer
D'enlever les toiles d'araignée

Alertée par son miroir à pépées
La vieille coquette déguisée
Offre à la jeune femme
Une pomme mâtinée de came
Sous l'effet de la neige blanche
Maudite poussière d'ange
La belle sombre dans le coma

Victime des paradis artificiels
Elle n'aurait jamais connu le 7e ciel
Si un prince dindon n'était passé par là
En la voyant endormie sur le matelas
Il saute sur la petite merveille
Lui susurre des mots à l'oreille
D'un baiser appuyé la réveille.

(Irène)

L'Atelier d'Ecriture de Ciadoux
(Pastiche en alexandrins)

Un frais parfum qui sort des touffes d'asphodèle,
C'est ici à Ciadoux que le destin t'appelle...
Si tu y passes, ami, il faut t'y arrêter :
C'est un charmant village, il fait bon y rester.
C'est là que chaque mois, logé par la mairie,
Se tient un atelier où tout le monde rit...
Ce sont des rires bien francs, (pas des rires grossiers)
Provenant de personnes qui cherchent à les créer
En écrivant des textes truffés de jeux de mots,
De calembours aussi : c'est l'humour à gogo.
Ceux dont le cœur est bon et dont les jours sont pleins,
Ceux-là vivent, Seigneur ! Les autres je les plains !
Voyons, d'où vient le verbe ? Et d'où viennent les
langues ?
De qui tiens-tu les mots dont tu fais tes harangues ?
Ecriture, alphabet, d'où tout cela vient-il ?
La réponse est ici, cela te convient-il ?
C'est Guy l'animateur, il est très à la page ;
Va-t'en les écouter, va-t'en leur rendre hommage,
Mais attention à toi, n'oublies pas, tu le sais,
Que faire : « Bien mal à Guy ne profite jamais ! »

(Jacques)

Un métier recherché... plombier

« A notre époque, on se refuse à croire que le plomb puisse être transformé en or... jusqu'au moment où on reçoit la facture du plombier. » (G. Bernard Shaw)
À partir d'expressions vues en brain-storming, décrire ce métier, sujet à polémique mais réhabilité par le jeu vidéo mondialement connu de « Mario »

Le plombier

Je vais vous dire pourquoi les artisans m'ont toujours fait rêver : faire quelque chose de ses mains que les autres ne savent pas faire et qui les fait admirer ou envier. Ainsi, tenir un pinceau pour lequel tout le monde en pince ; coiffer, raccourcir les barbes sous le fil du rasoir et percevoir la douceur de cette peau abandonnée en toute confiance à son geste précis...

Mais le comble de l'envie se porte sur celui qui sait vidanger, raccorder, assainir une pièce, le tout après avoir été recherché (auprès de bons tuyaux, bien sûr), contacté, informé, prié... et espéré, car comme une belle femme, il sait se faire attendre trois plombes et c'est dans ces moments-là que l'on regrette alors que les polonais ne soient pas plus nombreux en France ! Devinez « qui c'est... ? » « C'est le plombier ! »
En effet, avec lui, on peut tout rêver : le coup de la panne, (mais là, ce n'est pas mon genre !) la

transformation du plomb en or (là encore, je délire vraiment !) mais, bien souvent et plus prosaïquement, quand il arrive enfin, on est alors transporté au septième ciel... Seul moyen de se sauver de la noyade redoutée devant notre refuge qui perd ses eaux et va accoucher, pour sûr... d'une anomalie de la nature : l'inondation ! En effet, faute de renseignement sur l'emplacement du robinet d'arrêt général, la résolution de la catastrophe a souvent du plomb dans l'aile et on cauchemarde déjà sur la facture qui va plus souffler le chaud que le froid.

Alors, Neptune, avec son inutile trident à la main, semble ridicule quand, il arrive tel Moïse marchant sur l'eau, muni de sa boîte à outils magique et de son chalumeau, armes secrètes de la délivrance !
Il parle peu, s'avance vers la salle d'opération avec assurance. L'ampleur de l'intervention ne l'impressionne pas : il ausculte les tuyaux humides, tâte les origines des fuites et en profite pour prendre discrètement un petit joint au-dessus du lavabo, histoire d'assurer !

Véritable chirurgien de tous les vaisseaux de la maison, il n'hésite pas à couper, ouvrir, retirer toute hernie disgracieuse ou dangereuse et, masque protecteur sur le visage, refermer la plaie sous la flamme de son chalumeau infernal, le tout ne lui faisant ni chaud ni froid. Pas question dans ces moments cruciaux de lui envoyer des vannes ! Très vite, ce qui doit être bouché est bouché et on reste bouche bée devant tant d'expertise.

Mais voilà, quand la facture arrive, ça plombe l'ambiance car c'est la douche froide, même payée au noir ! Aussi est-on obligé de modérer son admiration de tels talents et on se contente souvent d'avoir un « petit plombier chez soi » qui lui, doit travailler comme un noir pour être à la hauteur. Devinez qui c'est le plombier chez moi ? Mon mari, ça coule de source !

(Marie-Christine R)

L'an dernier j'ai rencontré un plombier…
Quelle aubaine ! C'était un plombier Polonais, qui dès le matin se gargarisait au Buzet… Moi qui déjà en abusais, j'en ai profité pour lui demander un tuyau, pour colmater une fuite au pneu de mon auto.
-« Vous ne manquez pas d'air… vous vous moquez de moi ! Votre histoire ne me fait ni chaud, ni froid... » S'écria-t-il.
-« C'est une vanne… » Lui répondis-je, blanche comme un lavabo de voir qu'elle était tombée à l'eau...
Il tourna les talons et je n'ai pas eu le temps de voir ses semelles de plomb.
Moralité : quand on a besoin d'un plombier chez soi, il faut savoir rester sur son quant-à-soi.

(Danielle)

Le plombier du désert

Faut-il qu'il y ait de l'eau ! Ici, dans le désert le moindre tuyau devient enchanteur pour une peuplade ou l'eau est leur richesse.

Le plombier du désert est à sa recherche, lors de ses expéditions avec son méga 4x4, il est heureux lorsqu'il rencontre quelques geltas[1] au pied des casbahs.
C'est ainsi que la bassine devient baignoire, le chalumeau mijote le couscous, le soleil devient chaudière, la vanne il se la raconte.

Le plombier du désert, c'est qui ?
C'est un homme noir de peau, mais c'est aussi l'homme bleu du désert, c'est un touareg.
C'est là, que tout devient mythique, car il est aussi charmeur, avec ses dents de plomb et or. Il nous envoute et, parfois aussi plombe l'ambiance.

Etre plombier du désert, c'est la baraqua car le bonheur ruisselle dans les geltas…

(Maryse)

---

[1] geltas ou gueltas (singulier de guelta) en zone désertique désigne une dépression ou une cuvette avec des plans d'eau temporaires ou pérennes, des mares qui subsistent après la crue dans les lits des oueds.

Une fuite est une fuite !

En entrant dans la rue, je vois un attroupement anormal devant ma maison. Les quatre papys du quartier étaient en grande conversation :

-Une fuite ! C'est une fuite il faut couper l'eau dit l'un !

-C'est pas l'eau dit un autre, c'est les égouts.

-Tu ne vois pas que ça sent mauvais reprit une autre voix !

-Je ne vois pas non mais je sens, et les égouts, même le nez bouché je les renifle !

-C'est encore une histoire de raccord intermédiaire sur les lignes dit doctement le quatrième larron qui semblait s'y connaître. On entendit alors une voix sortant de la bouche d'égout :

-Merci du tuyau !

Soulevant le couvercle, un ouvrier trapu, jeune encore, se hissa à demi hors du trou, une capuche couvrait sa tête et il portait une sorte de masque comme les peintres en bâtiment. Il poursuivit d'un ton sans réplique :

-Je suis plombier de la voirie, nous cherchons la fuite afin de la prendre au bon endroit et de colmater au plus tôt. Dégagez s'il vous plaît, la vanne est sous vos pieds. Je dois ouvrir la soupape de sûreté afin de dériver la canalisation et mettre une bonde à ce tuyau car c'est lui le responsable.

Un tel langage de pro ferma le clapet aux plus bavards. Ce n'était pas le moment de faire des vannes ni de gêner l'homme de l'art dans son travail. Les badauds s'égaillèrent continuant à échanger des remarques sur l'état déplorable des canalisations de la commune ! Le plombier qui était retourné dans son trou ressortit armé d'une clé à molette et d'une grosse sacoche de cuir qu'il posa juste à mes pieds en me regardant méchamment.

-Excusez-moi ! Dis-je, mais vous êtes devant ma porte et j'attends pour rentrer chez moi !

Sans un mot, le plombier s'attaqua alors au regard de voirie sans me quitter des yeux. Il débloqua et souleva la petite plaque de fonte à côté de celle dans laquelle il était à demi engagé. Avec sa clé à molette, il dégagea ce que je crus être la fameuse soupape et la mit dans son sac…

Il bricola ensuite le purgeur automatique et dériva ainsi l'évacuation des eaux usées… enfin, je n'y connaissais rien et c'est ce que j'avais cru comprendre lors de ses explications péremptoires... L'odeur nauséabonde persistait, mais je ne voyais pas vraiment de trace de fuite. Tout ceci commençait à me paraître bizarre. En plus, l'évacuation des eaux usées de ma maison n'était plus raccordée !

N'osant toujours pas enjamber le trou d'homme et passer par-dessus la tête de ce plombier si peu aimable je restais plantée devant ma porte attendant la fin de cette histoire en essayant de détourner mon regard et mes pensées de la scène. Toujours dans son trou, il prit son téléphone portable et appela son chef qui était chez le dentiste, son plombage avait sauté. Ça ne s'invente pas, me dit-il en me défiant du regard.

Devant moi il précisa à ce dernier comment il avait détourné et réglé le problème ; il proposa de mettre un raccord femelle avec un bon collier de serrage pour rebrancher la particulière car « elle ne pourrait pas rester bouchée longtemps ! »

Langage de pro ou langage codé ? Je l'écoutais bouche bée.

Il attendit un instant la réponse de son chef puis se tourna vers moi menaçant et dit en brandissant sa clé à molette sous mon nez :

-Un plombier comme moi tu n'en as jamais vu, compris ? Bouche cousue sinon je ne donne pas cher de ta bobine ! T'as qu'à chercher un autre plombier pour te rebrancher ! Et sur ces mots, il prit la fuite me laissant le bec dans l'eau.

Je pus enfin entrer dans ma maison prenant le courrier au passage, je me précipitais sur le journal du jour. À la une, il était fait état du cambriolage de nuit d'une bijouterie du quartier ! Pas de violence, juste un court tunnel reliant la bijouterie aux égouts de la ville ; la surprise fut totale et personne ne s'était douté de quoi que ce soit. « On pense que les voleurs astucieux ont utilisé des boules puantes pour brouiller les pistes précisait l'article… »

Un flux de lumière inonda enfin mon cerveau ! Je venais de comprendre qu'un des voleurs avait caché le butin dans le regard de voirie devant ma porte et qu'il venait avec un culot monstre, de le récupérer sous mes yeux !

(Christiane)

Comment obtenir un plombier ?

« Tiens voilà le plombier », disait Fernand Raynaud.
En ces temps-là, c'est le plombier qui devait venir proposer ses services, car maintenant ils viennent plutôt... plus tard ! Et avec leurs semelles de plomb...
Ma cuisine ressemblait à une piscine, je n'arrêtais pas de passer la serpillère. Mon installation était vraiment en fuite.
Cinq plombiers ont été contactés dans la journée, chaque fois les mêmes questions : où habitez-vous ? Est-ce que l'on peut garer facilement la fourgonnette ? Est-ce que les flics passent mettre des PV sur les véhicules mal garés ? Est-ce que je peux payer en liquide ? Est-ce que c'est à l'étage ?
Chaque fois je fais les mêmes réponses : j'habite au rez-de-chaussée ; en zone pavillonnaire ; on peut se garer facilement ; les flics ne verbalisent jamais cette rue ; je suis prêt à payer en liquide, mais ma cuisine ressemble à une piscine et l'intervention est urgente...
Et là, le verdict tombe : « pas avant une semaine, car on a des urgences par ailleurs... »
Mon voisin, sans doute plus connaisseur des subtilités de vie que moi finit par me dire : « mais couillon, dis à ta voisine d'en face de s'en occuper, elle a une belle voix, du bagout et elle est plutôt mignonne. Tu verras que là, le plombier se déplacera... » Merci pour le tuyau lui dis-je, remotivé par cette approche.

Un peu embarrassé, j'allais donc exposer mon problème à ma voisine, en lui promettant un bon dédommagement en « espèces » pour le dérangement.

« Mais monsieur, vous savez que je ne peux rien vous refuser, rappelez-vous il y a deux mois, quand mon copain vous a réveillé à trois heures du matin pour nous amener à l'aéroport parce que notre voiture n'a pas voulu démarrer, vous nous avez rendu un grand service, car sans cela l'avion qui devait nous amener en vacances aux Bahamas aurait décollé sans nous. Alors comptez sur moi, et puis vous savez, je ne les apprécie pas car ce sont des profiteurs de situation ou des dragueurs et parfois les deux à la fois » répondit-elle.

Après avoir demandé le nom d'un plombier sérieux à une de ses copines qui lui dit en substance : « celui-là il travaille bien mais attention pour le reste c'est un drôle de coco », elle appela le plombier qui fut là dans l'heure qui suivit *(en fait c'était un de ceux que j'avais appelé moi-même !)* Je ne sais pas s'il était polonais comme dans l'histoire, mais il avait l'air d'être effectivement un drôle de coco.

Ma voisine le reçut chez moi comme si elle était chez elle et lui signifia que la fuite était sous l'évier. Moi je jouais le rôle d'un membre de sa famille qui était là par hasard.

Le plombier commença à faire l'étonné devant les dégâts et fustigea l'attitude de ses confrères qui ne s'étaient même pas déplacés pour résoudre les ennuis d'une dame seule, « quel scandale, ils n'ont aucun sens du devoir » ajouta-t-il.

Il était surtout attiré par le physique de la voisine, qui de surcroît ce jour-là portait une jupe courte et un décolleté plongeant lesquels sans tomber dans la provocation, mettaient en exergue son anatomie plutôt agréable à regarder. Voyant qu'elle se débrouillait bien, je quittais la pièce en faisant semblant de me désintéresser de la conversation.

Le plombier essaya d'épater celle qu'il croyait être la propriétaire des lieux, en lui racontant ses exploits de réparateurs de WC bouchés, de siphon de douche indémontable qu'il avait réussi à réparer, des histoires de tuyaux de cuivre, de plomb, avec les allusions grivoises au passage. C'était un habile conteur.

« Combien cela va coûter et y aura-t-il une garantie ? » demanda ma voisine qui avait la situation en main.

« Pour vous cela fera 50 € avec une garantie d'un an » lui répondit-il.

Puis il se mit à la draguer ouvertement, lui indiquant au passage qu'il était triste d'être seul depuis que sa copine l'avait quitté pour un concurrent et qu'il cherchait donc une âme sœur. Il fit même des avances osées à ma jeune voisine qui se prêtait au jeu.

« C'est fini dit-il au bout d'une heure, venez donc voir la qualité de mon travail ! »

Il espérait ainsi qu'elle s'accroupirait sous l'évier pour lui appliquer au passage quelques jeux de mains bien placés en faisant mine de l'aider à se mouvoir !

Là, je sortais de ma pénombre pour reprendre mon rôle de maître des lieux.

C'est moi qui m'accroupis sous l'évier pour juger de la qualité du travail qui me paraissait bien fait.

N'ayant sans doute pas compris, il se tourna vers elle et lui demanda : -« belle dame que je ne vais tarder à revoir, quel est votre nom pour la garantie et la facture ?»

-« Vous ferez les papiers au nom de monsieur, car c'est lui le propriétaire !»

Sa superbe drague s'éteignit alors d'un coup, il me remit la garantie, prit mon chèque et partit en faisant tout juste un au revoir de politesse, comme quelqu'un qui s'est fait berné. Il ressemblait bien au corbeau de la fable : honteux et confus, se disant peut être en lui-même qu'on ne l'y reprendrait plus.

Il s'était fait avoir tant sur le plan sentimental que sur le plan matériel : car voulant plaire à ma voisine en lui appliquant un prix aussi bas, il n'avait pas pu, à l'instar d'autres plombiers « transformer son plomb en or ».

(André)

La carte postale d'humour

À partir d'une carte postale choisie par chacun, écrire sur un mode léger, amusant, en s'évadant de la photo pour donner l'envie au récepteur de la garder.

Comme prévu, je suis partie sous les Tropiques ;
« Sea, sex and sun", chante B.B. écrit Gainsbourg.
Je me suis installée sur le sable chaud, rien à l'horizon.
J'ai attendu le rayon vert.
Ne sois pas jaloux, je ne l'ai pas vu.
La nuit remplaça le jour. Le sable devint froid.
Cependant je n'ai pas perdu mon temps.
Il y avait toujours rien à l'horizon
Qui m'a bien tenu compagnie.
Finalement, c'est fou ce que rien prend comme place.

(Marie)

À toi qui arrives à te distraire d'un rien, alors que tu es loin d'avoir un horizon bouché, je t'adresse cette carte. Ne me demande pas où c'est, je n'ai pas su lire les hiéroglyphes sur la pancarte !... Puis je n'avais pas emporté mon Champollion-illustré mais seulement quelques pensées de Descartes. Je m'interroge, n'est-ce pas ici qu'il aurait dit : « C'est proprement ne valoir - rien - que de n'être utile à personne. » Mais de cette pensée, heureusement je m'en écarte !

(Guy)

66

Ma chérie,
2/3 de vodka/citron et 1/3 de curaçao...
J'en rêve...c'est mon mirage à moi, perdu dans le
désert avec RIEN à l'horizon.
Prépare-moi ça...si je m'en sors !
A bientôt peut-être
Trinque à ma santé...

(Marie-Christine R)

Mots inventés : définitions

Aminonyme :

-Ami sans nom habitant dans le Gard.

(Jacques)

-Synonyme d'ami dans la signature : « Un ami qui vous veut du bien. »

(Marie)

-Nouveau nom donné aux amis virtuels d'internet.

(Christiane)

-Genre d'internautes qui pullulent sur Facebook.

(Marie-Christine R)

Ascensure :

-Compression des termes ascenseur et tonsure. Pour raser la tonsure des moines de plus de deux mètres de haut, le coiffeur grimpait sur un escabeau pour effectuer sa tâche avec plus de commodité.

(Marie)

-Intervention gouvernementale auprès des média pour que le moral des citoyens remonte.

(Marie-Christine R)

-Censure exercée sur la lettre A (utilisé par les agences de cotation économique, sur trois A, à la fois !)

(Christiane)

-Celle que l'on ne trouve plus dans les H.L.M. car l'ascensure est toujours en panne.

(Marie-Christine L)

Une énigme à résoudre...

Depuis deux ans, une dame vient garer sa voiture (une peugeot blanche) devant la même maison ou légèrement à côté, ou dans la rue en face, hiver comme été, en semaine et le week-end ; c'est presque quotidien, elle reste dans sa voiture, lit parfois un journal et repart toujours seule. Elle peut rester une heure ou deux. Pourquoi est-elle là ? Proposer une hypothèse.

La Peugeot blanche

Ce matin-là, vers neuf heures, Max ouvrit les volets de son appartement... Sa surprise fut grande de voir à nouveau la Peugeot blanche stationnée en face de chez lui : « Cela fait plusieurs jours, qu'elle est parquée là, à quelques mètres près ! » se dit-il. Il put distinguer à nouveau la passagère du véhicule qui, comme les jours précédents, semblait feuilleter un journal, prendre des notes et réfléchir, assise derrière le volant. Max repassa vers dix heures devant sa fenêtre, la voiture et la même personne au volant étaient toujours là : « C'est quand même bizarre, pensa-t-il, car cela fait au moins un mois qu'elle est là, tous les matins, à la même heure ! » Il passa à nouveau vers onze heures, juste à temps pour voir la voiture démarrer... Max se prépara pour sortir, semblant oublier cette histoire pendant un moment. Il se retrouva dehors et marcha tranquillement vers le bar-tabac proche de chez lui ou il allait de temps en temps prendre un café et discuter amicalement avec le buraliste, patron de l'établissement. Quelle ne fut pas sa surprise, en arrivant, de voir la Peugeot blanche arrêtée devant la brasserie et, en entrant, de voir la conductrice de la voiture au guichet, en grande conversation avec le patron ! Il s'assit au bar, commanda son café et observa en catimini la dame qui achetait des cigarettes et de plus, devina-t-il, déposa ses pronostics du P.M.U. et paya son dû. Il nota que c'était une personne d'une cinquantaine d'années, ayant une certaine classe... Après avoir terminé ses petites tractations, la dame sortit et s'en alla au volant de sa voiture.

Ne pouvant surmonter sa curiosité, Max alla au guichet vers le patron, le salua amicalement et lui dit : « Dites-moi, tous les matins, cette dame stationne pratiquement devant chez moi et reste pendant environ deux heures sans sortir de son véhicule... Je me pose pas mal de questions… Avez-vous une explication ? »

« Oui, monsieur, tous les matins cette personne prépare et peaufine dans sa voiture ses pronostics pour les courses hippiques de l'après-midi, où qu'elles aient lieu. Elle étudie le journal Paris-Turf et écoute les informations transmises par son autoradio » ; répondit le buraliste. Puis rajouta : « Après quoi, vers onze heures, elle vient ici pour déposer, payer ses bulletins et acheter un paquet de Gitanes-filtre, c'est tous les jours le même scénario ! » Max ne put s'empêcher de demander : « Connaissez-vous son nom ? Et ce qu'elle fait dans la vie ? » ; « Attendez un petit instant, je crois que j'ai sa carte de visite quelque part », répliqua le buraliste ; après avoir feuilleté un tas de papiers, il ajouta : « elle a un nom à consonance bretonne, vous savez, le... quelque chose, comme Le Dantec, par exemple ; ah la voilà ! Madame Angéla Le Moraudent... De plus, elle est propriétaire d'un haras dans l'Aveyron, à La Cavalerie, près de Millau : le Haras Quirit... On dirait que tout est prédestiné, dites donc..! C'est son mari qui s'occupe du haras ; elle, c'est surtout les courses de chevaux qui l'intéressent ! Oui, c'est son dada ! »

Après avoir remercié le patron, Max reprit le chemin de son immeuble en pensant que volontairement ou non, avec cette dernière remarque, le buraliste avait fait un tabac !

(Jacques)

Une dame stationne chaque jour devant chez moi !

Je m'appelle Irma. Quand j'étais petite on me surnommait « la douce » car j'étais gentille avec tout le monde. Aujourd'hui c'est la sept-centième fois que je suis dans ma voiture garée devant le 13 de la rue Bonrepos. Il est 14 heures, et comme d'habitude, derrière mon volant je fais semblant de faire des mots croisés sur un journal tout en écoutant un CD de

Dalida ; elle m'a toujours accompagnée dans la voiture. C'est toujours le même journal que je tiens sur mes genoux depuis le début ; il reste à côté de moi sur le siège passager : lui aussi c'est mon compagnon.

Si j'écris cela aujourd'hui sur mes genoux, c'est que je suis contrariée.

Il faut que je vous informe : mon mari Dédé croit que je vais au café mais ce n'est pas vrai ; je m'occupe bien de lui qui est cloué sur son fauteuil roulant. Et encore, lui, il est gentil avec moi, ce n'est pas comme sa mère qui ne peut pas me piffrer. Elle ne se gêne pas pour me houspiller, et elle me traite de parano. Depuis deux ans, elle ne veut plus me rencontrer et comme elle vient voir son fils tous les jours de la semaine, du mois, de l'année, de 14 heures à 16 heures, je m'en vais avant qu'elle n'arrive, je prends ma voiture et je viens me garer ici devant le 13 de la rue Bonrepos.

Pourquoi ici ? Eh bien parce que j'aime le nom de la rue et que je suis en confiance devant le numéro 13 porte-bonheur. Et puis, la première fois que je suis venue, la dame du 13 est apparue dans son jardin et je l'ai trouvée belle et rassurante : elle est toute ronde et elle me rappelle maman avec ses frisettes grisonnantes. Ce n'est pas comme notre voisine de palier, grande négresse toute maigre qui crie constamment après ses six enfants. A-t-on idée d'avoir autant d'enfants ? Dédé et moi n'en avons pas à cause de son infirmité ; c'est comme ça ! Donc cette voisine, je suis sûre qu'elle m'en veut et qu'elle fait exprès de faire cuire du chou-fleur parce que j'ai horreur de cette odeur. Et puis, pourquoi me regarde-t-elle toujours d'un air soupçonneux comme si j'allais lui voler un de ses marmots, accroché à sa robe ?

Donc, tous les jours je viens me garer devant ce 13 de la rue Bonrepos et j'ai remarqué que je suis attendue depuis quelques temps, la dame me guette à la fenêtre du premier étage. Je le sais car toujours le rideau retombe quand j'arrive. C'est ma copine en somme ! Un jour, je crois même avoir vu un petit sourire sur ses lèvres. Une autre fois, Dédé dirait que je l'invente, elle m'a même fait un petit signe amical de la main derrière sa fenêtre. Je lui ai répondu en lui envoyant un baiser .Je reste tous les jours, là, sous la protection de cette gentille dame. Je me sens calme et rassurée comme lorsque j'étais auprès de maman. Elle veille sur moi, j'en suis sûre !

Mais voilà, depuis quelques jours, je la sens changée et c'est ce qui justement me contrarie et me peine. Avant même que j'arrive, elle se montre penchée à sa fenêtre comme si elle m'attendait, mais elle me lance de curieux regards, durs, comme ceux de ma belle-mère. Et puis là, je commence à prendre peur car hier elle a appelé quelqu'un à l'intérieur de la maison. Un homme est venu près d'elle et il ne m'a pas lâchée des yeux pendant un bon moment. C'est sûrement son mari, mais il est effrayant avec sa moustache à la Hitler et son gros ventre à la Mussolini; ils ont parlé entre eux et ont brusquement fermé la fenêtre.

Aujourd'hui il n'est pas là. Ouf ! Je lance de brefs regards vers le premier étage mais il se passe quelque chose d'anormal : la dame, mon amie, vient d'ouvrir la fenêtre. Elle est au téléphone. Pourquoi regarde-t-elle ma plaque d'immatriculation ? Elle referme la fenêtre sans me faire un signe ni même me regarder, comme si je n'existais pas. Puis plus rien... Que se passe-t-il ? Il y a quelque chose qui cloche... Il faut que je parte... Oui mais il n'est que 15 heures. J'ai encore une heure à attendre avant de pouvoir rejoindre Dédé. Quand je rentre à 16 heures, il ne me parle pas ; c'est vrai qu'il doit être fatigué de parler avec sa chère mère. C'est tout juste s'il s'aperçoit que je suis revenue. J'étais si bien devant ce 13 rue Bonrepos, mon moment de tranquillité quotidien !

Mais qu'est-ce-que j'entends ? C'est une voiture de flics. Ils s'arrêtent à la hauteur de ma voiture en double file : ils doivent chercher leur chemin. Ah, Non ! Ils vont directement au numéro 13, la dame s'avance vers eux et me montre du doigt. Ils se retournent tous vers moi et s'avancent, s'avancent... J'avais bien raison d'être contrariée aujourd'hui ! Je vais vite faire semblant de remplir des cases de mots croisés et cacher mon manuscrit. Mon Dieu, pitié !
Je ne veux pas qu'on m'emmène encore à l'hôpital psychiatrique... Qui s'occupera de Dédé ?

(Marie-Christine R)

74

Journaliste d'un jour...

Traiter humoristiquement un sujet choisi dans l'actualité journalistique de la semaine : un monde fou à la gay-pride, médaille d'or au Lépine, afflux de méduses en mer du Nord, candidats bac de philo, etc.

Drôle de candidatures au bac de philo

Chers lecteurs de mon blog,

Hier, la rédaction du Journal m'a envoyé faire un reportage au lycée de notre ville pour vous faire entrer dans le petit monde des candidats au Baccalauréat.

Dans une cour de récréation où cette foule tumultueuse et multicolore était rassemblée, j'avise un vieux monsieur, seul dans son coin et qui semblait un peu perdu... Pensant que j'avais affaire à un surveillant, je m'approche de lui en demandant : « à quelle heure rentrent-ils pour le début des épreuves ? »

« Nous rentrons dans dix minutes et je commence les épreuves avec tous les autres », me répond-il en souriant... Je le regarde, les yeux écarquillés : « Vous voulez dire, je pense, que vous êtes candidat au Bac, comme tous ces jeunes..? »

« Eh oui, monsieur, il n'est jamais trop tard pour bien faire, car sans le Bac t'es rien ! J'ai bachoté pendant cinq ans et ma petite-fille Sophie m'a beaucoup aidé car elle a une licence de philo, Sophie... »

Pensant avoir trouvé là un excellent sujet, je me mis à lui poser quelques questions : il m'apprit ainsi qu'il avait 87 ans, qu'il venait de la Dordogne, (on pourrait l'appeler le Père Igor, au vu de ses origines, non ?)
Je lui demande donc : « Puis-je connaître votre nom ? »
Il me répond : « Joseph-Raymond Bach, comme Jean-Sébastien, mais mon entourage familial et mes amis ont pris l'habitude d'abréger Joseph, si bien qu'on m'appelle couramment Jo-Raymond Bach..! Vous voyez, avec un nom pareil, tous les espoirs me sont permis..! »

Son vrai nom m'a quelque peu surpris... « C'est assez cocasse, en effet... » Lui dis-je en riant ; « oui, cela n'est pas banal..! Mais en plus je peux vous dire que j'ai bossé mes maths avec mon neveu Ron : il aime les maths, Ron... Car il a les maths innées ! Et puis son frère Terry m'a donné un sacré coup de mains dans le domaine des Sciences Naturelles : il a aussi son Bac, Terry... » Rétorqua-t-il.
Décidément, j'avais en face de moi un interlocuteur sortant vraiment de l'ordinaire !

Je fus alors obligé de quitter ce sympathique vieillard car la cloche se mit à tinter, invitant les candidats à entrer dans le bâtiment. J'eus quand même le temps de souhaiter bonne chance à Jo-Raymond Bach. (Puisse son nom lui porter chance !)

(Jacques).

Le Bac n'est plus ce qu'il était...

J'apprends qu'un candidat au bac de quatre-vingt-sept ans va être le doyen de notre académie à s'y présenter cette année !

Comme on ne nous dit pas si ce vénérable monsieur a déjà essayé de décrocher le diplôme, il faut que j'aille l'interviewer afin de savoir si une fois le précieux sésame obtenu il va choisir de s'ouvrir des perspectives d'études supérieures ou une promotion dans sa carrière professionnelle ! Peut-être cela débouchera-t-il sur une nouvelle vocation tardive ?

L'homme est d'humeur badine et m'indique qu'il avait déjà essayé de passer son bac en Gironde à la pointe de grave mais il a été collé n'ayant pas réussi à passer le chou, la chèvre et le loup de l'autre côté de la rivière alors qu'il n'avait qu'une place sur son bateau !

-« A l'époque les épreuves comportaient des notes éliminatoires ! » me dit-il en riant.

-« si vous avez votre bac, allez-vous entrer à l'université ? »

-« Oui, c'est tout de même plus amusant de siéger dans un amphi au milieu de jeunes étudiantes que de rester assis sur un banc du parc de la maison de retraite avec toutes ces vieilles dames caquetantes ! » me répondit l'octogénaire.

(J'imagine qu'ensuite une licence de droit à la clef et notre homme va pouvoir aller au doctorat illico...

A moins qu'il ne bûche pour de bon avec une petite prépa, pour intégrer Saint-Cyr, histoire d'aller crapahuter aux aurores dans la boue... Il y aura bien une association pour exiger une dispense d'âge !)

Je dois interrompre mes divagations et lui poser la question piège : « vous devez avoir des projets plein la tête ? »

-« Oui, un nouveau mai soixante-huit qui réussirait cette fois-ci à faire sauter le gouvernement ! »

Je reste interloqué me demandant s'il s'alliera avec les Katangais de la Sorbonne ou les intellos du Théâtre de l'Odéon... Mais il rajoute :

-« La révolution arrivera par les vieux... camarade ! »

(Marie-Christine L)

Mots inventés : définitions (suite)

Cataseconde :
-C'est la deuxième catastrophe, après la première…

(Jacques)

-Rythme auquel certains journalistes débitent leurs nouvelles anxiogènes.

(Marie-Christine R)

-Plus grave que la « cata minute », permet d'entrer plus vite et à coup sûr dans la catastrophe.

(Christiane)

-Celle qui vous tombe sur le paletot soixante fois par minute. (Marie-Christine L)

Déklaxonner :
-Débrancher par civisme son klaxon, de façon à ne plus pouvoir l'actionner.

(Jacques)

-Entendre une violence corporelle sonore, souvent réservée aux enfants désobéissants mais qui est récemment passible de sanction pénale en France.

(Marie-Christine R)

-Consiste pour un automobiliste à ouvrir sa vitre pour insulter le piéton gênant ! Régression sonore à utiliser avec modération.

(Christiane)

-Essayer de faire dégager quelqu'un stationnant devant vous, jusqu'à ce que la batterie soit à plat.

(Marie-Christine L)

Au milieu du vacarme de la gare...

« Au milieu du vacarme de la gare de Pennsylvanie, Ignacio Abel s'est arrêté en entendant quelqu'un l'appeler par son prénom. » est tiré du roman d'Antonio Muñoz Molina, *« Dans la grande nuit des temps »* et ce début de phrase servira à construire la suite de votre histoire...
Né en 1956, c'est l'un des plus grands écrivains de langue espagnole. Prix Femina étranger. Il est membre de la Real Academia Espanola.

Embarquement immédiat pour la liberté

« Au milieu du vacarme de la gare de Pennsylvanie, Ignacio Abel s'est arrêté en entendant quelqu'un l'appeler par son prénom. » Il ne peut retenir un juron sonore : « Putain, ce n'est pas vrai, je n'ai pas fait des milliers de kilomètres pour fuir mon ancienne vie et tomber sur un connard prêt à m'y replonger ».
Une trahison féminine, un divorce douloureux suivi d'un licenciement abusif, puis la descente vertigineuse dans l'enfer éthylique et de la défonce. Il lui a fallu une telle énergie pour s'en sortir que sa première réaction a été de fuir sans se retourner. Il a à peine recommencé à marcher qu'il entend de nouveau son prénom. Le timbre de la voix métallique, éraillée l'intrigue. Il fait écho au plus profond de lui-même. Il

se retourne pour tenter de la localiser. Mais il constate que personne ne lui prête attention. La moitié des voyageurs ont le nez en l'air pour consulter le panneau des horaires, l'autre moitié le nez en bas pour ne pas rater la première marche de l'escalator.

« Ignacio » crie de nouveau la voix. Ça y est, il sait d'où elle vient : d'un coin de la gare particulièrement laid. Il aperçoit un gros pardessus affalé sur un banc d'où émerge un petit visage ridé comme une pomme : celui d'une vieille femme. A côté d'elle, un chariot de supermarché dans lequel elle a rangé les restes d'une existence probablement plus flamboyante : des sachets de plastique avec des fringues, de la nourriture, un tableau insolite, des candélabres… et une cage à oiseau dans laquelle s'agite un perroquet. Et c'est cet oiseau de malheur qui crie son nom à tue-tête. Soudain une vague d'émotion le submerge.

Mais, il rêve, ce n'est pas vrai : c'est son perroquet, le perroquet de son adolescence, celui que lui a offert son grand-père. Il a passé des heures à lui apprendre son prénom. Son père qui ne supportait pas l'animal a profité de son départ pour l'université pour s'en débarrasser. Il l'a offert à un ami américain de passage à Paris. Comment avait-il atterri ici ? Il tente de rentrer en contact avec le pardessus pour comprendre mais la vieille avinée ne peut émettre que des borborygmes.

- Mon pauvre vieux, toi aussi tu dois avoir une envie furieuse d'autres odeurs, d'autres couleurs. Toi aussi tu dois être tenté par l'air libre.

Après avoir donné un bref regard circulaire, le jeune homme saisit la cage d'une main ferme et s'enfuit à toutes jambes. Une fois à une distance raisonnable de toute poursuite, il éclate d'un rire adolescent. Il s'empresse d'ouvrir la cage et de délivrer l'oiseau.

- Il est temps pour toi de sortir de ton nid protecteur pour parcourir le monde à la conquête de ta liberté. Bon vent, mon ami !

Mais, après quelques battements d'aile maladroits, le perroquet s'est posé sur son épaule bien décidé à ne pas se laisser déloger. A ce contact le jeune homme sent son corps irrigué par une énergie souterraine.

« OK l'ami, on va faire équipe. A nous, l'Amérique ! » Ignacio esquisse quelques pas de danse et reprend la route avec son sac d'un côté et le perroquet de l'autre.

(Irène)

Au milieu du vacarme de la gare de Pennsylvanie, Ignacio Abel s'est arrêté en entendant quelqu'un l'appeler par son prénom.

« Ignacio… » Est-ce une hallucination ? Dans ce bruit infernal, il avait dû se tromper. « Ignacio attendez ! » Cette fois, le doute n'était plus permis. La voix s'était rapprochée et les mots avaient claqué distinctement. Qui l'appelait ? Qui, ici, l'avait reconnu ?

Ou retrouvé ? Sa fuite aurait donc été inutile ?

Une main se posa fermement sur son épaule en faisant vaciller ce sac de voyage si lourd et qui n'avait plus de forme tellement il avait été trimballé. Il ne put retenir un long frisson et se retourna avec frayeur. Un homme grand, très brun, avec une énorme moustache se trouvait devant lui.

-« Ignacio Abel, vous ne me reconnaissez pas ?

Tu ne me reconnais pas ? C'est bien toi, dis ? »

-« Je suis Pedro RAMIREZ ! Malgré toutes ces années, tu n'as pas beaucoup changé et j'ai bien cru à un mirage, mon ami d'enfance. Nous allions ensemble à l'école primaire à Santa rosa au Mexique… »

Ignacio Abel sentit de nouveau un grand frisson glacé lui parcourir l'échine en pensant aux milliers de dollars qu'il transportait dans son sac, au casse qu'il avait fait une heure plus tôt dans le plus grand supermarché de la ville.

Il se détendit peu à peu. Ce n'était pas un de ces fédéraux. Il en serait quitte pour raconter sa vie ; celle qu'il allait lui inventer en trouvant quelques balivernes pour animer la discussion qui allait obligatoirement suivre. Il espérait ainsi retrouver son calme. Ouf, ce n'était pas encore pour cette fois !

Juste au moment où son ami retrouvé le quittait… une deuxième main vint le distraire en se posant mollement sur son autre épaule. Il fit demi-tour et entendit une voix grave s'écrier :

-« Hola, mi amigo… » Un sourire béat éclairait le visage hirsute de cet inconnu mal fagoté qui lui faisait face. Il semblait même le regarder avec ironie et tout à coup il réalisa que son bras était devenu aérien, son épaule libérée du poids du sac ! Il fit plusieurs tours sur lui-même cherchant la silhouette de Pedro… Il avait disparu dans la foule avec le butin !

–« Perder saco… hombre ? » cria l'abruti dans le brouhaha.

Ignacio Abel le prit par le collet mais l'homme se dégagea promptement d'une clé au bras, puis lui expliqua que son ami Pedro Ramirez était son patron, mais aussi le patron de la police locale. Il venait de le sauver de la prison en lui subtilisant le sac avant que les fédéraux ne le trouvent sur lui. Encore allait-il lui devoir une fière chandelle !

Au milieu du vacarme de la gare de Pennsylvanie, Ignacio Abel décida ce jour-là de changer son prénom !

(Michèle)

84

Les mains croisées sous la nuque...

Raconter la suite de cette phrase : « Les pognes croisées sous la nuque, je regarde les évolutions d'un meeting de mouches au plafond... » tiré de San Antonio « Du poulet au menu »

Rêverie

Les mains croisées sous la nuque, je regarde les évolutions d'un meeting de mouches au plafond. Il y en a bien une vingtaine qui vole en se croisant, en se poursuivant et en s'interceptant... Cela ressemble à un combat aérien ou à un spectacle de trapézistes au cirque... C'est magnifique ! Mais plus je les regarde, plus je m'aperçois qu'elles disparaissent les unes après les autres ; en effet, elles ne sont plus maintenant qu'une dizaine et très rapidement plus que sept ou huit... où sont-elles donc passées ? En tournant la tête, j'aperçois alors dans le coin du plafond une toile d'araignée... Les mouches manquantes sont bien là, terrassées, rejointes maintenant par le reste de l'escadrille, dessinant une sorte de mouchetis dans la toile... Fini le meeting, finies les acrobaties aériennes ! Je décroise mes mains, me tourne sur l'autre côté et m'endors, déçu par la fin tragique du spectacle et aussi par la triste certitude que j'ai une araignée au plafond !

(Jacques)

85

Le meeting de mouches

Les mains croisées sous la nuque, je regarde les évolutions d'un meeting de mouches au plafond... Certes, j'ai une pile de dossiers qui m'attend sur le bureau, à rendre à Monsieur Le Sous-Directeur de l'Agence des Incompétences Civiles.

Hier le meeting était plus spectaculaire car vrombissait aussi un bombardier velu qui effectuait de sacrés loopings mais qui s'est écrasé dans un champ de dangereux tournesols garnissant la vitre. Cela m'avait déjà empêché de régler ces fichus dossiers. Bon, en même temps, il est déjà seize heures et le temps presse: me soulager, me laver les mains et prendre ma pause et voilà l'heure de partir !

Je jetterai un œil demain sur ces tâches. Si j'ai le temps... car si ce ballet se reproduit, il me sera impossible de travailler ; en effet, comme je suis pour la préservation de la beauté métaphorique de notre langue française, « Regarder les mouches voler » doit garder tout son sens poétique ! Et puis il fait trop chaud pour travailler.

Ils me font bien rire les continentaux ! Quand ils sont mutés par la Fonction Publique à Ajaccio, ce sont bien les premiers, à défaut de mouches, à « rêver aux anges » ou à s'installer au bureau « les pieds en éventail » ou encore à « piquer du nez » sur leurs dossiers, eux aussi ! C'est quand même bon de vivre en Corse !

(Marie-Christine R)

Les mouches

Les mains sous la nuque, je regarde les évolutions d'un meeting de mouches au plafond.

Vois-tu celle-là qui fait des pointes à côté de celle qui se frotte les ailes comme on se frotte les mains ?

Et voilà un grand conciliabule : bzz, bzz, bzz. Que disent-elles ? Bzz, bzz. Que se passe-t-il ? Bzz…

Ecoute… écoute, elles préparent leur envol pour se ruer vers le steak posé là, à découvert.

Vite, pondre, pondre… Allez hop, hop, les copines, on y va, allez venez, on y va.

Ah, l'instinct de survie !

(**Michèle**)

Les mots précieux ou rares (suite)

Phlyctène :
-Plante aromatique aux vertus antiseptiques par sa teneur en argent et servant au traitement des hémorroïdes. **(Josette)**
-Produit vendu en aérosol pouvant être aspergé vers le visage d'un policier un peu trop enquiquinant **(Jacques)**
-Mot synonyme de l'expression : haine des policiers.
(Marie)
-*Réel : ampoule vésiculeuse, transparente, formée par l'épiderme que soulève un amas de sérosité.*

Proglottis :
-Médicament que l'on ingurgite avant d'être opéré des amygdales. S'il passe bien la glotte, on sait que tout ira bien. **(Marie)**
-Autre nom du proctologue. **(Josette)**
-Mal de gorge et plus précisément de la glotte. **(Pierre)**
-*Réel : Anneaux d'un segment d'un ver annélide (ténia...) qui contient les organes de reproduction.*

Zinzinuler :
-Fam : tortiller du derrière. **(Josette)**
-Cri d'une chouette complètement folle. **(Pierre)**
-Marcher en zigzag tout en essayant de simuler une marche rectiligne. **(Jacques)**
-*Réel : Chanter en parlant des mésanges et fauvettes.*

Slam

La poésie moderne du slam, a besoin d'être clamée…
Il n'existe pas de règles fixes pour rédiger un texte de
slam. L'important est d'avoir quelque chose à dire.
Ensuite, le rythme, la sonorité sont primordiales. Puis
il faut mettre de l'intensité dans la récitation du poème.

Oh Toulouse, la ville rose,
Tu montres de bien belles choses.
Arrivée enfant de mon Ariège,
Je suis hélas tombée dans le piège.
Sans espoir de retour, car toujours là,
Et sur moi, tu as refermé tes bras.
A force de courir, d'aller, venir,
J'ai réussi à te découvrir.
Ce n'est pas une sinécure…
Riche d'architecture,
De poésie, de culture,
Tu nous rappelles à l'ouverture.
Ta multiplicité raciale
Est devenue vitale, cruciale.
Ta Garonne, ton rugby, tes avions,
Sont autant de tes autres attractions.
Ici, le beau temps est souvent roi
Surtout qu'il met l'autan aux abois.
Oh Toulouse, ville rose,
Tu montres de bien belles choses,
Mais tu m'y as aussi emprisonnée…
Tu as fait de moi une passionnée !   **(Michèle)**

Le Slam c'est l'âme...

J'ai eu six ans, il y a fort longtemps
Pour jouer dans mon coffre, aucune offre
Pas de poupée, pas de hochet car pas de blé,
Qu'un vieux dico, pas beau mais chaud
A mon cœur, sans rancœur !

Les mots, mon horizon, mes compagnons
Grâce à vous j'ai voyagé, j'ai jonglé, j'ai rêvé
Sans craindre le temps qui passe, je laisse ma trace
Et m'évade de la nasse qui m'écrase.
Dans ce monde fou et relou
Sans boulot tu n'es rien qu'un numéro
Mais fais comme moi, cherche un toit de papier
D'un vieux dico, pas beau mais chaud
A mon cœur, sans rancœur !

Avec lui oublie tous tes soucis
Et cloue le bec à tous ces blancs-becs
Chemise, cravate et cætera
Ce n'est pas pour toi... Oublie, crois-moi !
Paraître c'est se soumettre
Pour toute prime tu t'exprimes
Et tu te libères par les lettres
D'un vieux dico, pas beau mais chaud
A mon cœur, sans rancœur

(Marie-Christine R.)

Cela me suffit…

Voilà que l'ami-mateur… de mots, veut nous faire slamer !
L'ennui, c'est qu'aujourd'hui je n'ai vraiment rien à slamer…
Pas le moindre petit morceau de vers ne me vient à l'esprit
Pas même de vermisseau… Faudrait-il moi aussi que je prie ?
Malheureusement rien n'y fait, ni Dieu ni la fée Mélusine…
Qui ne m'inspire même pas la moindre recette de cuisine !
Je demande peu, écrire ne serait-ce que quatre ou cinq lignes,
Ou bien le minimum, juste de quoi remplir les interlignes…
Ma tête chauffe, vais-je risquer un court-circuit ?
Trop tard, tant pis, slame-suffira pour aujourd'hui !

(Marie-Christine L)

Le cheval est partout...

La fraude à la viande de cheval est commise à l'échelle européenne, faisant passer de la viande de cheval pour celle de bœuf en modifiant l'étiquetage sur des lots de minerai de viande. Enfourchons l'actualité...

La vache qui rit, le cheval qui pleure

Ha... l'haine de cheval, fait rage ! Plus de Maréchal (nous voilà) pour le ferrage des chevaux (de bois) plus personne ne peut rester de bois...

Comme disait mon cheval, ça me fait un effet bœuf, de voir la jument dans les lasagnes de bœuf. Même les jazzmen qui voudront « faire un bœuf » devront se méfier, car depuis peu la laine de cheval « ça crin » !

Je ne veux pas la mort du petit cheval mais avec cette histoire, ça rumine dans les écuries comme dans les chaumières.

Il va falloir trouver un nouveau Héraclès pour « nettoyer les écuries d'Augias » et Spang ? Héros des prés rit jaune... Devra-t-il payer « rugby » sur l'ongle, pour la viande douteuse... ou sera-t-il remis en selle par une actualité galopante ?

Même si ce n'est pas mon cheval de bataille, une question lancinante me désarçonne : quelle confiance accorder à ce qui atterrit dans nos assiettes ?

Sans parler de la qualité de la silicone qui gonfle les poitrines des femmes, on peut aussi poser la question vache, sur ce que font les contrôleurs de chevaux fiscaux ? Et pourquoi les médicaments que l'on avale parfois, ne guérissent plus notre fièvre de cheval ?

(André)

Virus du cheval

Quand je vois la tête de canasson de mon mari aujourd'hui et malgré le remède de cheval que je lui ai administré, ce n'est pas maintenant qu'il va faire la cavalcade ! Cette fièvre de cheval qui le taraude depuis deux jours l'empêche fort heureusement de monter sur ces grands chevaux ; de toutes les façons quand il crie trop, je tourne les talons…
Sinon je deviens comme dans le roman de Marcel Aymé, une jument verte, de rage… et qui dès la vision de son ancien crack, devient une rosse avec son vieux coursier !
Alors comment lui remettre le pied à l'étrier ?
Commencer par l'envoyer faire les courses au trot en espérant qu'elles ne soient pas de trop ; ça lui permettrait sans doute d'évacuer, grâce à une bonne suée à défaut d'une saignée, toutes les toxines emmagasinées.

Finalement c'est lui qui a une fièvre de cheval mais il se remettra vite en selle et c'est moi qui ai attrapé le

Virus du cheval ! Je ne sais par quel cheval de Troie il s'est faufilé dans mon organisme, mais je vais encore finir à cheval sur mon bidet… Il ne me reste plus qu'à me soigner à coup de tablettes de chocolat Poulain, il paraît que ça constipe !

(Josette)

Scène de manège ou de ménage, tirée par les chevaux ou les cheveux ?

-« Ma Mie, où as-tu mis mon armure ? » Demande le Chevalier de la Roulotte à sa dame.

-« Près de la cheminée », répond celle-ci.

-« Ma Mie, où as-tu rangé mes cothurnes ? »

-« Dans le placard à balais », soupire-t-elle.

-« Ma Mie, mais où est donc passé Pégase, mon cheval adoré ? »

-« Ah ! J'en avais assez que tu ne saches jamais où sont tes affaires. Je l'ai cuisiné d'après la nouvelle recette qui me vient du pays du soleil. Tu t'en es même régalé au déjeuner. »

-« Mais c'est affreux, un chevalier sans monture ! Et puis c'était mon compagnon, mon ami… »

-« Ami de l'homme, ami de l'homme ; sors de ma cuisine et au trot ! Je n'ai pas envie que tu galopes dans les jupes de mes servantes. Assez de cavalcades. »

-« Tu me le paieras, vieille ganache ! » Dit-il en lui tirant sa queue de cheval…

(Marie)

Les Indignés

Hommes nos amis ! Nous avons toujours été de bons compagnons : valeureux et fidèles, nous vous avons aidés au champ et à la guerre ! Rapides et obéissants nous avons animé vos loisirs à l'hippodrome ou pour caracoler dans la nature. Même vos voitures, vous les avez affublées de chevaux dans vos promesses de chevauchées fantastiques, protégées en outre par nos fers à cheval ! Et vous femmes, avec vos crinières, vos croupes, vos allures déhanchées, vos coiffures inspirées de nos queues soyeuses, nous portons la même « robe » ! Enfin, nos poulains ont inspiré vos publicitaires pour satisfaire la gourmandise de délices chocolatés de vos enfants ! Vous voyez bien comme nous sommes proches et comme notre relation a toujours été de confiance mutuelle !

Mais voilà, notre destin vient brusquement de basculer : l'abattoir nous guette au bout du champ, où les vaches revanchardes, nous font des haies « d'horreur », bien contentes de nous laisser passer comme de vieux canassons. Et comble de perfidie, vous les ingrats, vous faites passer nos fiers muscles racés pour de la vulgaire bidoche bovine. Tout cela, bien sûr, en oubliant alors d'être à cheval sur vos principes puisque vous engraissez vos « hypomarchés » sur notre dos !

Cela ne nous emballe pas, mais à qui nous plaindre ? À cette allure-là, on ne pourra même pas nous répondre : « j'en parlerai à mon cheval ! » Ce même cheval que vous avez trahi, haché menu dans votre assiette et méprisé en lui ôtant jusqu'à sa noble identité ! Mais attention ! Notre vengeance viendra avant notre holocauste, car il nous est facile aussi de monter sur nos grands chevaux ! Gare à vos fesses lorsque vous nous monterez, et nos fers risquent de ne plus vous porter chance devant nos ruades ; nous risquons de devenir, pour vous, de vrais chevaux de bataille entre autres réjouissances…

Très bientôt vous regretterez de nous avoir pris pour des ânes !

(Marie-Christine R.)

Visite au haras (Horse sujet ?)

Max et son épouse Scarlett, dans leur vieille 2 CV circulaient à vive allure vers Meaux, en Seine-et-Marne où, dans cette région, Hippolithe Du Garrot, un ami de Max, les avait invités à venir visiter le haras qu'il possédait. Le temps était très beau et ils se réjouissaient tous les deux en pensant à la journée qu'ils allaient passer à la campagne, hors de Paris.

Arrivés à destination, au haras Bica, Hippolithe Du Garrot les accueillit chaleureusement et commença par leur présenter le personnel qui le secondait : 3 lads : une jeune femme et 2 jeunes gens : « Voici d'abord

Ika, de son vrai nom Franciska ; elle est Autrichienne d'origine mais se fait appeler Ika, c'est plus court. Puis voici Vincent dit Vice et Romain. Chacun d'eux s'occupe particulièrement d'une allure du cheval : pour le pas, c'est simple, c'est Vice (le pas de Vice…), le trot, Ika, et bien sûr, le galop, Romain.

A ce moment-là, Max aperçut un car accolé à un mur par l'arrière. Il demanda pourquoi à Hippo. Celui-ci lui répondit que l'arrière du car donnait directement sur une porte desservant l'intérieur des stalles où séjournaient les chevaux. Ce car était en fait un grand van : il n'avait que trois sièges, plus celui du conducteur, le reste étant vide, seulement tapissé d'une bonne épaisseur de foin et de fourrage pour pouvoir accommoder quatre chevaux couchés '(le van en emporte autant ?) se demanda Max en se remémorant un vieux film... Mais l'idée était géniale.

-« Vous vous souvenez d'Ourazi, ce fameux trotteur qui a gagné un tas de courses et qui malheureusement est décédé l'an dernier ? Eh bien, Ourazi a été pensionnaire chez nous, pendant toute sa vie et en son hommage, nous avons baptisé ce van l'Ourazibus ! »

Sachant que Max aimait monter et galoper, Hippolyte lui proposa d'aller faire une petite balade. « La chevauchée c'est fantastique… » lui répondit-il et ils partirent donc caracoler tous les deux, laissant Scarlett au haras avec les lads. Ils en profitèrent pour montrer à celle-ci les différents équipements des chevaux, en fonction des courses qu'ils étaient appelés à effectuer :

pas, trot, galop. Romain expliqua que c'était un travail très minutieux de tout conserver en ordre et en bon état. « C'est le coup de les trier » dit-il, Ika surenchérit en ajoutant « ce n'est pas un tri, marrant !» Scarlett aimait cette ambiance et apprécia cet entretien. Lorsque Hippo et Max revinrent de leur cavalcade, Max et Scarlett, heureux mais bien harassés, quittèrent les lieux après un « au revoir » chaleureux et hippotechnique

(Jacques)

Les mots inconnus ou peu utilisés

Définitions humoristique des mots peu utilisés :

Aristoloche :
-Limace royale   **(Marie-Christine L)**
-Aristocrates qui après la révolution avaient un
comportement bizarre   **(Guy)**
-*Réel : Herbe vivace volubile, aux fleurs en cornets
irréguliers, aux feuilles cordiformes, très décorative.*

Bagasse :
-Mauvais orphéon de marine.   **(Marie-Christine L)**
-Cris énervants de la pie agasse quand elle trouve une
bague, qu'elle ne peut emporter, elle s'agace   **(Guy)**
-*Réel : Résidu solide des cannes à sucre après
passage au moulin et Marc de raisin ou d'olives à la
sortie du pressoir.*

Buffletterie :
-Écurie pour buffles.   **(Marie-Christine L)**
-Petite enveloppe en maroquinerie (peau de buffle)
dans laquelle on peut glisser une lettre.   **(Jacques)**
-*Réel : Partie de l'équipement militaire, à l'origine en
peau de buffle, servant à soutenir les armes et les
cartouches.*

L'exilé fiscal

*Avec les onze mots **tirés au sort** par les onze écrivants du jour : violon, cornemuse, avion, identité, chien, crapule, oasis, fusion, chapeau, pluie, facteur. Établir un texte court rappelant l'actualité de G. Depardieu !*

Pas de musique, s'il vous plaît, arrêtez les *violons* et la *cornemuse* ! En effet, il a filé par le premier *avion* après avoir changé *d'identité*… nom d'un *chien* ! C'est une *crapule* ! Il va trouver un paradis fiscal, une *oasis* capable de le cacher loin d'un monde en *fusion* !
Chapeau mon vieux : là-bas tu n'auras ni la *pluie*, ni le *facteur* censé t'apporter des factures ou une feuille d'impôts !   (**Jacques**)

Le fugitif
Violon et *cornemuse* dans les bagages, il prend *l'avion* sous une fausse *identité*. Il faudrait un flair de *chien* pour découvrir que c'est une *crapule* fuyant vers *l'oasis* de ses rêves, loin du volcan en *fusion* qu'est le quai des orfèvres. Sous son *chapeau* et malgré la *pluie*, même son *facteur* ne le reconnaîtrait pas !   (**Yves**)

Ras le bol ! C'est décidé, je pars. Ma valise faite, je range soigneusement mon *violon* dans son étui, appelle un taxi et direction l'aéroport. Devant l'entrée je croise un groupe d'écossais en costume traditionnel jouant de la *cornemuse*. Ah ! J'avais oublié le match

France-Ecosse ce soir. Tant pis je ne le verrai pas. Dans le hall je regarde sur les écrans l'heure de départ de mon *avion* : 12h45. C'est bon j'ai le temps de satisfaire tranquillement à toutes les formalités.

Aux services de police je présente mes papiers *d'identité*, et aux services des douanes, un *chien* renifleur fait un peu trop de zèle à mon goût en prolongeant plus qu'il ne faut son inspection de mon étui à violon. Ouf ! Pas de réaction, il passe à un autre voyageur. Mon billet en main je me dirige vers la salle d'embarquement, lorsqu'une espèce de *crapule* essaie de me le voler. Après une lutte discrète mais efficace je réussis à sauver mon précieux bien. Une fois dans *l'avion*, bien installé sur mon siège je me mets à rêver de l'oasis fiscal, but de mon voyage.

Après huit heures de trajet et ayant satisfait à tous les contrôles, j'ai pu quitter l'aéroport et héler un taxi pour m'emmener à mon hôtel. Je n'avais pas prévu qu'il fasse aussi chaud. Sous un soleil en *fusion*, je descends du taxi et vais acheter un *chapeau* à la boutique la plus proche. Je gagne ensuite ma chambre d'hôtel, j'ai ouvert l'étui à violon, et je prends à brassées les beaux billets de banque, soigneusement cachés dans le double fond, que je jette en l'air. En les voyant retomber sur le plancher comme une *pluie* de rêves, j'ai pensé que j'avais eu beaucoup de chance de ne pas me faire pincer. Ensuite je me suis allongé sur le lit, et avant de m'endormir j'ai réalisé que je n'avais plus à redouter le passage du *facteur* avec ces funestes lettres de l'administration fiscale. **(Pierre)**

L'exilé fiscal parisien

Moctar Moustafa dit « Momo » joue du *violon* au Trocadéro. Par contre pour divertir les poupées russes, il joue de la *cornemuse* à Montparnasse.

Son *chien* « Mouv» monte la garde devant son « squat » du quartier Mouffetard.

Moctar, fils d'un mafiousard industriel marocain, magouille son *identité* pour aller grenouiller la belle vie sur une *oasis* dans le sud marocain.

Cette *crapule* de concierge, chargé d'acheminer les caisses et les tableaux de Monet en bois, patrimoine de Momo a chaviré le *facteur*, en train de transgresser la mauvaise nouvelle.

L'heure est grave, le fisc rattrape Moctar. Le moment propice arrive, il faut savoir partir sans se retourner dit Momo (en *fusion* avec Aznavour) chargeons et partons. L'*avion* se pose sur la pelouse des jardins du Louvre. Moctar a revêtu sa carapace de gentilhomme, un *chapeau* à sa mesure l'embourgeoise.

Momo, quitte la capitale sous une *pluie* battante, pour s'envoler rejoindre la famille Moustafa à Rabat qui l'accueille avec allégresse ; ça y est, le fiston arrive avec les biftons, on va faire ripaille… se disent-ils.

Une vache meugle, Momo balance un grand coup sur sa table de nuit, le réveil se brise, il est l'heure de se lever pour aller au turbin, c'est ainsi que le laveur de carreaux parisien en a terminé avec ses rêves louftingues.

(Marise)

Poésie sur le rêve

La nuit obscure...

Le car me ramène de Toulouse...
La radio donne les dernières nouvelles.
Quelques passagers sont assis
Voici Montbernard, je me lève
et je descends, une, deux, trois marches.
C'est le terre-plein et l'abribus éclairé.

Quelques pas sur la route
et c'est la nuit noire.
Je ne vois plus rien.

    Sentir où je pose mes pieds,
    chaussée goudronnée,
    bas côté herbeux, mou.

Pas de réverbère
Pas de faisceau lumineux d'une voiture
Pas d'étoile
    Regarder devant moi
    Mais c'est le noir !
    Avec la peur d'égarer mes pas
    vers le fossé.
Marcher, marcher dans la nuit
            dans le froid

                    dans l'humidité
Je devine la masse de la haie
qui mène vers la maison
le chemin tourne.

Et voici le perron et les marches
A tâtons, je sens le trou de la serrure
          j'y glisse la clé
          la porte s'ouvre.
Ma main tourne le bouton
Une lumière jaillit dans la nuit.
Et voilà encore un rêve qui éblouit…

(Marie Loube)

Le rêve et l'étrange

Cette nuit, j'ai rêvé que j'étais un avion :
J'avais les bras en croix, et dans un ciel de plomb
Je faisais des tonneaux, des loopings et des vrilles !
En tanguant, je roulais, j'étais comme une bille
Et franchissais des mers, des villes et des banquises.
Mon corps était tendu, je flottais à ma guise.
Je refis un tonneau en chantant à tue-tête…
Puis tombais sur le ventre, à plat sur la carpette !

(Jacques)

Histoire de fleurs, de jardins...

Les rosiers

Josette, allons voir si la rose est... mais qu'est-ce que je raconte là ? Mes rosiers sont tous en train de dépérir. Ce n'est pas par manque de soins : taille, binage, sarclage, arrosage, traitement... tel fut mon lot durant des saisons. Et tous les visiteurs et amis de s'extasier devant ces belles fleurs au nom d'impératrice, de reine ou de star. Mes massifs étaient le lieu de rendez-vous de tous les « *rosophiles* » de la région, suscitant l'admiration pour beaucoup mais aussi la jalousie pour certains. Peut-être est-ce là que je devrais chercher la cause de la décrépitude de mes rosiers, car si ce n'est pas par manque de soin serait-ce par acte de malveillance ?

Toujours est-il que mes roses ne sont plus fraîches et leur dégradation me cause le bourdon ainsi que la dépression des abeilles.

A bout de recherches, d'études et d'observations j'ai fait venir une « *rosaexpert* » qui répondait comme par hasard au nom de Rose Dufoi, qui, après avoir examiné minutieusement tous mes rosiers est arrivée à la conclusion, moyennant 200€, qu'il fallait que je remplace tous mes rosiers, ainsi que le terreau qui les nourrit. Solution que j'avais envisagée depuis fort longtemps... et pour un moindre coût !   **(Pierre)**

105

Accident de jardin

Il a eu un accident de jardin ; c'est triste de finir comme un légume dans un potager où tous les proches collègues sont bien portants.

Les oignons en rang droits comme des « i » se croient à la caserne où se déroule une revue.

Les tomates essaient de se faire une place parmi les feuilles afin de capter au maximum les rayons de soleil pour faire concurrence à l'ambulance des pompiers.

Les pommes de terre qui rêvent d'un bain d'huile s'activent pour chasser les doryphores.

Les poivrons colorés à souhait se verraient bien en habit de chair à saucisse.

Les haricots verts se gargarisent d'avoir une taille de guêpe et se moquent des goulus qui ne savent pas à quelle méthode se faire dévorer : Dukan ? Cohen ?

Les potirons en profitent pour s'étaler et piquer la place des aubergines. Ces dernières se défendent en proclamant haut et fort que les contraventions allaient tomber…

Et enfin dans un coin de potager, sur une brouette fraichement repeinte, les carottes aux fanes en bouquets attendent patiemment le départ pour la journée « autour du jardin » de Balesta en Comminges…

Aucun constat amiable n'a été rédigé !

(Danielle)

Visite de la maison de retraite des jardiniers

Ici il n'y a que des potes âgés
Qui ont arraché tous les pêchers
Est-ce par crainte qu'ils soient mortels
Les éconduisant chez l'Eternel…

De peur d'avoir trop de soucis
Ils ont planté des salsifis
Et si l'un d'entre eux les arrose
En profitent même les roses.

Les haies sont faites d'aubépine
Il faut enlever leurs épines
Ici tous ceux qui jardinent
Font attention aux racines

Ceux qui ne sont pas très sages
S'occupent de l'arrosage
Mais si les clôtures sont rouillées
Est-ce l'âge ? Ils ont tout mouillé !

Mon histoire de jardin prend fin
Les roses ne durent qu'un matin
Et même dans le jardin d'Eden
Croquer la pomme évite la faim.

(Jean)

La tulipe

J'ai reçu fan fan, j'ai reçu fan fan, j'ai reçu une belle
tulipe.
Et je joue fan fan et je joue fan fan et je joue Fanfan la
Tulipe.
Et à la télé et au cinéma Fanfan la Tulipe demeurera.
Et passe l'émoi, passent les années, on se souviendra
Du formidable comédien qu'était Gérard Philippe.
Confirmé au cinéma avec le film Fanfan la Tulipe.
Si tu crois qu'elle vient de Hollande c'est que tu lis peu !
Car au pied de l'Himalaya est né son bulbe pulpeux.

(Josette)

Grains de folie au jardin

C'est aujourd'hui le premier jour du printemps. Voilà
Barnabé le jardinier qui arrive avec ses outils. Mais ce
matin c'est un drôle de branle-bas de combat au
jardin ! « Que se passe-t-il ? » s'écria-t-il... « Où sont
passés mes salades, mes radis et carottes que j'avais
alignés en rang d'oignons près des haricots verts ? »
Il commençait à se perdre dans ses pensées, lorsqu'il
s'aperçut que même les tulipes et les jonquilles,
avaient disparu ! Au détour d'une allée il découvrit le
pot aux roses : « Ce n'est pas possible... Ils se sont
tous mélangés ! »
En effet il régnait une folle agitation au fond du
jardin ! Un plant de haricot vert de rage s'excitait en

108

voyant une jolie pensée (pour laquelle il avait perdu le fil de ses idées) faire les yeux doux à un gros radis tout rouge devant la belle.

Quelle idée de craquer devant cet horrible radis obèse, alors que lui a une si jolie ligne... se dit Barnabé. Il fut encore plus étonné de voir qu'un haricot fin, jetait son dévolu par dépit, sur une ravissante jonquille aussi fine que lui... Mais celle-ci, le toisa de haut et pencha sa blonde tête de l'autre côté, vers un vulgaire pied de tomate !

« Ce n'est pas possible ! » se dit Barnabé qui commençait à penser tout haut... « Il n'est même pas capable de se tenir tout seul ! Il lui faut un tuteur... »

Sa surprise monta d'un cran un peu plus loin lorsque notre jardinier eut un problème épineux avec un rosier, qu'un liseron particulièrement collant ne voulait pas quitter. Il ne put les séparer et commença à s'irriter... Déjà qu'il était à cran !

Bon... Allez ! Un peu de discipline ici ! Puisque vous voulez vous mélanger, je vais alterner les légumes et les fleurs. Les roses du fait de leur caractère piquant seront à côté des patates douces ; les salades au cœur tendre se feront cajoler par les oignons, en espérant qu'il n'y ait pas trop de pleurs ; les haricots verts qui ont un fil à la patte resteront avec les tomates et leurs tuteurs.

Il s'éloigna pour reprendre ses outils... Mais lorsqu'il revint tout le monde s'était à nouveau mélangé ! « Oh non... Et bien puisque vous ne voulez rien entendre je vais vous replanter comme ça vient et plus tard, je mangerai de la confiture de rose à la tomate, des haricots verts aux poivrons rouges; des petits pois aux pétales de pétunias ; des cœurs d'artichauts aux jonquilles ; des soles pleureuses aux petits oignons et des radis en pensée... Et vive la nouvelle cuisine ! »

(Malvina)

Les mots peu utilisés (suite)

Définitions de : calcarone, dinothérium, embauchoir :

Calcarone :
-Sorte de macaroni.   **(Marie-Christine L)**
-Vient de calcaire et de macaron ; en fait un macaron immangeable, dur comme de la pierre.   **(Jacques)**
-Personne que l'on calcule quand elle fanfaronne **(Guy)**
-**Réel** : *Four à ciel ouvert pour l'extraction du soufre.*

Dinothérium :
-Pièce d'une ancienne maison romaine, voisine de l'atrium, où l'on peut diner ou prendre le thé. **(Jacques)**
-Vieux somnifère disparu car trop assommant **(Guy)**
-**Réel** : *Mammifère gigantesque de l'ère tertiaire, dont les défenses étaient tournées vers le bas, se nourrissant en déterrant des tubercules comestibles. Deux défenses trouvées en 2005 à Castelnau-Magnoac*

Embauchoir :
-Cabine ressemblant à un isoloir de vote, où on peut se changer avant une entrevue pour une embauche éventuelle.   **(Jacques)**
-Agence pour l'emploi d'animaux en temps de guerre ; on dit envoyer les gens à l'abattoir… et pour les animaux à l'embauchoir.   **(Marie-Christine L)**
- **Réel** : *Ustensile à ressort, que l'on introduit dans la chaussure pour la tendre et lui garder sa forme.*

111

La paresse des voies ferrées...

Que penser de la phrase de Marcel Duchamp se demandant : « Faut-il réagir contre la paresse des voies ferrées entre deux passages de trains ? »

-« Tous ensemble ! Tous ensemble ! Ouais ! »
Tolérance pour les voies ferrées !
Enfermées dans un carcan jour et nuit, parallèlement coincées dans leur corset de fer, à cheval sur leurs madriers de bois comme sur des principes.
Tolérance ! Amnistie !
Oui, entre deux passages de train, elles se gondolent, d'abord innocemment, comme par négligence et se relâchent puis dansent dangereusement. Combien de fois, caché dans un buisson, je les ai surprises et admirées, ondulant sous la caresse des rayons du soleil puis s'entrecroisant dans de démentes orgies dans la chaleur, la pluie ou le vent.
Il faut donc réagir, non contre le lâcher-prise des voies ferrées entre deux passages de train mais contre les coincés de la vie qui n'acceptent pas des autres un temps de folie. C'est toujours la même chanson : de paresseux réactionnaires accusent les autres de ne rien faire, des jaloux du plaisir d'autrui, des hypocrites.
Après tout, dès que les trains passent, ces voies de petite vertu regagnent sagement leurs pénates de fer, dans toute leur sagesse de lignes parallèles.

(Marie)

C'est un peu vache !

Il n'y a pas pire paresse, paraît-il, que celle des voies de chemins de fer : leurs colonnes d'acier s'étalent de tout leur long, droit devant elles et avancent toujours par deux comme les poulets sur leurs bicyclettes. À celle qui arrivera avant l'autre à la gare suivante avec interdiction de dévier du circuit ! Hélas aucune jamais ne gagne. Parfois il arrive qu'un train chatouille leur échine et les réveille. C'est d'ailleurs à ce moment-là que les vaches leur jettent un regard distrait et s'aperçoivent de leur existence au ras des pâquerettes ! Et pourtant, tout bien considéré, elles ont couru dans leur carcan de bois et parcouru en tous sens la France entière entre champs et cités, dans le seul but d'atteindre le quai du terminus qui bloque leur course. Et là, bing ! Il leur faut repartir d'où elles viennent…

Heureusement, parfois elles rencontrent d'autres couples, s'accouplent et repartent aussitôt par deux, sans qu'on puisse discerner vraiment le duo Paris-Lyon du Bordeaux-Strasbourg.
Vous avez dit paresseuses - heureuses ? Je vous invite donc à parcourir autant de kilomètres avec votre
double sans jamais avoir une petite occasion de le toucher ! Non les voies ferrées ne s'arrêtent jamais, avec ou sans train sur le dos…

(Marie-Christine R)

113

Les raisons de la paresse

« Faut-il réagir contre la paresse des voies ferrées entre deux passages de trains ? »

D'abord posons-nous la question : pourquoi les voies ferrées sont-elles devenues paresseuses ? Certains disent qu'il y a du laisser-aller depuis qu'il y a eu la scission de la SNCF et du RFF (Réseau Ferré de France), et depuis il paraît qu'elles sont moins ferrées... Peut-être par manque de Maréchal-ferrant ; mais aussi parce que le niveau général baisse. Il se passe la même chose en milieu scolaire ou l'on trouve de moins en moins d'élèves ferrés ! Ah Léo Ferré, si tu savais comme ils ne savent plus !

Et puis se sont des voies trop faciles, elles ne sont pas comme les via-ferrata italiennes... difficile de leur grimper dessus ! Quand on dit qu'il n'y a que le train qui ne leur est pas passé dessus... Ici tout le monde leur est passé dessus : autorail et même Micheline ! Faut dire qu'elles vivent couchées comme des romaines de l'antiquité ! Ceci facilitant leur oisiveté...

Les voies ferrées travaillent au rythme des cheminots, donc on ne peut pas dire qu'elles soient flémardes ! Parfois si elles semblent plus inertes au moment des départs en vacances, c'est parce que la période est aux grèves biannuelles...

Imaginez que les voies ne soient pas paresseuses... Qu'elles s'échappent au tournant ou pètent un boulon... et décident de courir dans la campagne

114

n'importe où ! D'ailleurs qui les empêcherait de dérailler ? Mais on s'égare… car les passages de trains sont de plus en plus nombreux et rapides avec les TGV (remplis d'affairés sur ce réseau ferré) ce qui diminue considérablement le temps d'oisiveté des voix… Par contre c'est bien par paresse que je ne réagis pas davantage à la question posée !   **(Guy)**

Voies sans voix

Un, deux, trois, voilà la voie, pas la mienne qui est une voie de garage et non la voie ferrée.

Mais où va-t-elle ? Elle court dans la campagne, les monts et les vallées pour que voyageurs et marchandises puissent se trimballer assez rapidement mais sans se casser la tête puisqu'ils sont sur une voie de garage. Elle doit connaître, seulement deux choses : départ et arrivée. Ah si, quelquefois, il y a des changements et là, difficile de courir après le quai et le numéro de la voie.

En gare, il y a la voix, voix nasillarde des hauts parleurs sensés vous aiguiller : ding, dong, quai n°3, voie 4, départ imminent pour Amsterdam…

Des trains, il peut en passer un peu, beaucoup et parfois plus du tout. Mais elles sont toujours là les voies, inutiles, abandonnées. Elles sont le symbole d'une vie active passée. Alors, elles peuvent paresser en toute tranquillité et profiter de leur retraite.

(Michèle)

Alerte au moustique tigre…

Les journaux titrent sur la colonisation du territoire français par le moustique Tigre. C'est Dingue…

Invasion du moustique-tigre

Je me présente : je suis une moustique-tigre, de celles qui piquent les humains, les rend dingues et les tuent. Femelles nous sommes, soumises au mâle dominant nous restons ; mais contrairement à certaines comme la mante religieuse par exemple qui réserve son arme fatale contre son mâle, nous préférons livrer une bataille vengeresse au nom du monde animal menacé.

Ainsi, alors que nos mâles s'occupent d'élever et d'instruire nos bataillons de réserves guerrières, nous partons à l'attaque de notre pire ennemi : l'homme. Jadis armé d'une simple tapette, il faisait taire nos chants vibrants en nous aplatissant en petites crêpes. Mais dans nos objectifs de mutation nous avions prévu d'apprendre à faire silence à l'approche de nos proies. A présent l'éradication de notre famille est programmée à grande échelle par leurs produits chimiques qui nous ont obligées, au fil des années, à muter sans cesse jusqu'à copier les couleurs du géant tigre pour les impressionner.

Dans cette lutte nos atouts sont, d'une part, notre taille (on se faufile partout) d'autre part, notre dard (que nous avons perfectionné et dont les effets n'ont rien à voir avec les rougeurs dérisoires provoquées par celui de nos arrières-arrières cousines !) et, enfin, notre faculté de reproduction (nous devons en effet tout envahir, de l'Asie à l'Amérique en passant par l'Europe). Les hommes, ces sots, facilitent grandement nos déplacements, finies les grandes migrations exténuantes. Il nous suffit de quelques colonies planquées dans des soutes d'avions et « hop », nous voici en opération sur différents territoires. Les plus gourmandes d'entre nous choisissent de « squatter » les piscines ou les plages : les viandes humaines nous y sont offertes sur un plateau : un régal ! Personnellement j'ai un faible pour les plis à la peau fine ! D'autres, les moins hardies, préfèrent s'attaquer aux pouponnières : on entre comme dans du beurre dans les chairs tendres ! Enfin, les plus sournoises choisissent comme terrains d'attaque les maisons de retraite et les asiles, distillant la dingue chez les dingues : les hommes n'y voient que du feu !

Ainsi, aux armes camarades, la lutte finale viendra à bout de ces milliards d'êtres humains, et à nous la Terre qui bruissera alors des chants mélodieux de nos ailettes. Cette nouvelle planète portera le doux nom de notre famille « Aedes albopictus » et notre lune satellite celui de « Chikungunya ».

(Marie-Christine R)

Chikungunya

(La scène se déroule à Marseille, dans un grand garage de la cité phocéenne.)

Occasion : Vends pneus neufs
-Quoi ? Tu veux dire que tu vends des pneus d'occasion.
-Non. C'est une occasion. Je vends des pneus neufs.
-Qu'est-ce que tu racontes ?
-Ben, les pneus d'occasion ont été réquisitionnés par les services de santé de la préfecture des Alpes-Maritimes à cause du moustique tigre. Il n'y en a plus de pneus d'occasion.
-Ben, vends tes pneus neufs comme des neufs.
-Personne n'en veut. Ils étaient à l'abri. Les touristes n'en achètent pas.
-Qu'est-ce qu'ils veulent ?
-Juste un morceau de pneu à ramener dans leurs pénates en souvenir. Alors je verse de l'eau dessus, pour faire croire qu'ils ont des larves... D'ailleurs, peut-être qu'ils en ont. Mais qu'est-ce que tu as ? Tu sembles malade.
-Oui, j'arrive de Nice, le moustique tigre...
-Ah, mon pauvre ! T'as attrapé le chikungunya ?
-Même pas, on se serait intéressé à moi.
-Et alors ?
-Alors, le service civil est arrivé, il s'est introduit dans les jardins et pschitt ! A tour de bras qu'ils ont vaporisé.
-Et alors ?

-Soi-disant c'était bio.

-Quoi ?

-L'in-sec-ti-ci-de. Ils sont arrivés, conditionnés. On leur a fait un lavage de cerveau à Paris : « Faut les détruire à tout prix, n'en laissez pas un », enragés qu'ils étaient.

-Mon pauvre ! Et alors ?

-Leur bombe, tu parles. Je n'arrête pas d'aller chez le dermato, ça me pique partout, ma peau brûle, je ne peux m'empêcher de me gratter, mon asthme a repris...

-Finalement, ils ont trouvé des larves ?

-Pas une mais je n'ai plus de roses. La végétation n'a pas résisté.

-Console-toi. Tu as échappé au pire, au chikungunya.

-T'as raison. Allez, au revoir. Je rentre chez moi, j'ai des frissons, comme de la fièvre, les muscles tout mous...

(Marie)

Mots déformés

Abdominable :
-Maigrelet se prenant pour Popeye.   **(M-Christine L)**
-Sportif ne pouvant pas lever de poids.   **(Danielle)**
-Personne qui a un ventre triste à voir.   **(Jacques)**
-Tentative avortée d'un homme fort qui n'arrive pas à soulever un tabouret en plastique.   **(M-Christine R)**

Bibliothérapeute :
-Autre nom pour désigner Jésus-Christ qui entre-autres, ressuscitait les morts, soignait les handicapés, psychanalysait les prostituées…   **(Marie)**
-Celui qui soigne, répare les étagères. **(M-Christine L)**
-Docteur en lecture.   **(Danielle)**
-Bibliothécaire conseillant l'automédication par les livres.   **(Jacques)**
-Médecin non remboursé par la Sécu… car son ordonnance comporte trop de volumes. **(M-Christ. R)**

Cocubinage :
-Nom donné aux travaux des jardiniers qui travaillent la terre à l'aide d'une binette au son du coucou **(Marie)**
-Ménage à plusieurs inconnues. **(Marie-Christine L)**
-Personne trompée qui aime jardiner.   **(Danielle)**
-Homme qui travaille dans le jardin potager de sa femme infidèle.   **(Jacques)**
-Travail d'un jardinier pendant que quelqu'un récolte les fruits défendus auprès de sa femme **(M-Christine R)**

Une rumeur à créer

Des canulars informatiques et des fausses rumeurs circulent sur Internet. Pour ne pas les propager à ses amis consulter le site Web « HoaxBuster » lorsqu'on reçoit un courriel alarmant sur n'importe quel sujet. Ainsi vous ne propagerez pas la fausse nouvelle et ne passerez pas pour un pigeon qui gobe tout... Mais êtes-vous capable de créer votre propre rumeur ?

Nouvelle taxe sur les ordures ménagères !

Une idée lumineuse vient de germer dans la tête des nouveaux élus à la Communauté de Communes d'un canton Haut-Garonnais :

-« En tant qu'ancien Président de cette institution, je tiens à vous informer des propos tenus, lors de l'Assemblée Générale, par une majorité de nouveaux élus qui souhaite mettre en place une nouvelle taxe sur l'enlèvement des ordures ménagères. Elle sera basée sur le poids de vos ordures ménagères.

Afin d'évaluer le montant de la taxe due par chaque foyer, vous devrez stocker tous les sacs d'ordures ménagères remplis pendant une semaine, soit du samedi matin au vendredi soir suivant.

Il sera procédé au recrutement d'un nouvel agent qui aura pour mission de passer chez chaque administré afin d'effectuer la pesée de l'ensemble de ces sacs. Le jour de son passage sera déterminé en fonction de votre situation géographique. Vous serez bien sûr informés de la date et de l'heure de son passage.

Bien entendu vous serez quand même dans l'obligation de transporter vos sacs, une fois par semaine, jusqu'au container collectif qui sera déposé le vendredi matin et enlevé le vendredi soir par les agents de service de la Communauté de Communes. Vous serez également dans l'obligation de prévoir un local extérieur à la maison muni de 3 compartiments afin de stocker le tri des détritus. Le ramassage des ordures recyclables (papiers, cartons, verres) sera effectué à domicile une fois par mois à date fixe. Elle sera également fonction de votre adresse.

Compte tenu de la complexité de la mise en œuvre de cette proposition et du coût engendré, je me tiens à votre disposition pour rédiger une pétition sur ces procédés inacceptables que nous adresserons à Monsieur le Préfet de Région. »

(Danielle)

Un gaz mortel circule dans notre univers...

Pire que la destruction des Twin Towers, le onze septembre 2001, pire que le Tsunami déferlant sur les côtes du Japon, voici ce danger parvenu aux portes de nos villes et de nos campagnes. Les frontières lui sont ouvertes et ne nous protègent plus. Pour vous et l'avenir de vos enfants, lisez attentivement ce qui suit : Inventé par un savant fou, Ricardo Sin Agua, originaire du Venezuela, un gaz mortel circule dans notre univers.

Amalgame de chlorure de nitrate, de carbone 14, de zinc, de cuivre et de fleur d'oranger, ce gaz véhicule un produit toxique qui atteint en une vitesse record tous les organes de l'être humain. Il est possible d'éradiquer ses effets en vous ôtant un cheveu que vous enverrez à l'adresse suivante :

Opération un poil pour une vie
Rue des têtes blondes
13031 Marseille

Dans une enveloppe vous placez votre cheveu et vous inscrivez votre nom ou celui de la personne que vous souhaitez sauver. Rassurez-vous : votre lettre sera décachetée devant huissier. Tout est authentique.
Envoyez tout de suite cet avertissement à tous ceux qui vous sont chers.

Si malgré toutes nos précautions pour épargner votre santé et celle de votre entourage, vous vous retrouvez le crâne pelé, consolez-vous vite, c'est que vous aimez beaucoup de monde. Plus seront sans poil ceux que vous rencontrerez et se prétendront vos amis, plus ils vous prouveront leur amour.

(Marie)

Le bicarbonate de sodium : danger !

Jadis uniquement vendu en pharmacie, il envahit à présent les étagères de la grande distribution car la mode a été créée de toutes pièces d'utiliser cette poudre blanche pour nettoyer et désinfecter tout chez soi et garder la santé ! Ce qu'on ignore, c'est ce que cache cette poudre blanche miracle ! Après enquête de nos services « produits d'entretien » agréés par le ministre de tutelle, voici ce qu'on a découvert :
-si elle sert à blanchir, c'est l'argent sale d'une branche de la mafia italienne qui a investi dans la grande distribution de ce produit dans plusieurs pays.
-si elle est censée faciliter la digestion, les musulmans du Moyen Orient absorbent en toute ignorance des os broyés...de porc dans les boîtes de ce produit !
-si elle nettoie, c'est les cerveaux des Africains car cette poudre blanche est en fait de la coke frelatée, dans le seul but de déstabiliser un peu plus les régimes de ce continent
-en Europe occidentale, ce produit est associé à un stimulateur d'achat qui rend le consommateur de plus en plus dépendant et il n'y a qu'à voir la multitude de publicités vantant ce produit sur Internet
-enfin, le plus grave de tout, c'est en Russie où le bicarbonate de sodium dit « naturel » est recommandé pour créer « La race slave pure » ! Ainsi, on vous conseille de boycotter ce produit au plus vite !
Faire circuler ce message sur la toile !

(M-Christine R)

Le citron est à multi usages !

Nos ancêtres utilisent le citron depuis la nuit des temps.
Il sert à l'assaisonnement de nos salades.
Il est incorporé délicatement dans la tarte au citron
Aujourd'hui, conservez vos citrons, entiers dans le bac du réfrigérateur, utilisez-le comme un médicament, il a des vertus incontournables.
Il soigne la nausée, après un bon repas, le râper et, y ajouter de l'eau chaude.
C'est un excellent détox et destop.
Il cicatrise vos plaies, il suffit de le frotter avec conviction sur la blessure.
Il évitera les rhumes, il suffira de le laisser infuser avant de se coucher.
Il réduit le cholestérol.
Il régule le rythme cardiaque
Aussi, n'est-il pas étonnant que les laboratoires pharmaceutiques, réduisent leurs effectifs ?
Avec le citron, qu'il soit vert ou jaune, on n'a plus besoin de médicaments.
Enfin, il est excellent pour la santé.

(Marise)

Attention porteurs de lunettes et lentilles.

Urgent, veuillez relayer cette information à toutes vos relations qui ne peuvent se passer de ces précieux outils. Une circulaire de « l'Agence Sanitaire Accessoires de Santé », l'ASA vient d'alerter l'opinion publique sur la distribution, par pratiquement toutes les officines d'opticiens, de verres et de lentilles fabriqués à partir d'une matière ayant des effets secondaires dangereux. En effet, ces verres dits « polarisants » de la marque « Voyons mieux » sont fabriqués à partir de plastiques dits de seconde génération auxquels on a ajouté, pour polariser, une gelée à base d'orties. Oui, oui, d'orties !

Le port de ces verres et lentilles provoque des picotements de plus en plus violents et des larmoiements ininterrompus. Pensez donc !

Alors, que vous soyez myopes, presbytes, etc... Si vous devez changer de lunettes ou de lentilles, soyez très attentifs et n'acceptez, à aucun prix, les produits de la marque « Voyons mieux ».

Ils vous seront proposés car la marge réalisée sur ces produits va de 1 à 25.

Mais nous ne serons pas dupes et ne nous laisserons pas berner ou plutôt duper !

Soyons très attentifs et relayons l'info.

Renseignements sur le site : http//ministère santé-lunettes, verres et lentilles.

Merci pour nous tous, sinistrés de la vue... qui sommes hélas ! Très nombreux.

(Michèle)

126

Dis-moi dix mots...

Voici les dix mots sélectionnés par le ministère de l'Éducation nationale pour le concours 2014 des classes de collège et lycée : **ambiancer, à tire-larigot, charivari, enlivrer (s'), faribole, hurluberlu, timbré, ouf, tohu-bohu, zigzag.** *C'est l'occasion de rajeunir sa créativité en contes, chansons, articles journaux, correspondances réelles ou fictives, essais, scénarios, pièce de théâtre, poèmes, récits de réalité ou fiction...*

Jour de marché

Qui est cet *hurluberlu* qui est entré au bureau de poste ce matin pour faire peser une lettre ? Il marchait en *zig-zag* dans le *tohu-bohu* causé par le marché hebdomadaire !
Il aurait mieux fait d'aller à la Maison de la Presse pour *s'enlivrer* à *tire-larigot* parmi les toutes nouvelles parutions ! *Ouf,* le voilà ressorti : il est certain que ce n'est pas au bureau postal qu'on peut *s'ambiancer* plaisamment, ni même dans le *charivari* du marché... Mais, trêve de *faribole,* il faut vraiment être *timbré* pour aller à la Poste un jour de marché et se croire obligé d'y faire la queue pour si peu !

(Jacques)

Truc de ouf !

Il était une fois un chamelier perdu dans le désert.
Le soleil *l'ambiançait* grave et dans son cerveau
Tohu-bohu et *charivari* occupaient les lieux.
Le pauvre hère cheminait en *zigzag*.
Un *hurluberlu* de passage, sacrifiant le contenu de sa
gourde, fit boire le chamelier *timbré*.
Celui-ci, ragaillardi, le remercia en lui offrant sa
monture. C'est un chameau miracle, dit-il, tu lui dis :
-« *Ouf* », il avance ; « Ouf, ouf, il s'arrête. »
Merci bien répliqua le drôle et le voilà qui *faribole*
avec l'animal : « Ouf ! », il avance, « Ouf, ouf ! », il
s'arrête.
Notre héros *s'enlivre* de « Ouf » et de « Ouf, ouf » à
tire-larigot. « Ouf ! » le chameau part au galop. Mais
notre homme oublie le mot qui lui permet de s'arrêter
et voici qu'en face, une falaise arrive à triple allure :
« Sésame, Stop, je t'ordonne de t'arrêter ! »
-« Ouf, ouf ». Le chameau freine à vingt centimètres
de l'à-pic.
-« Ouf ! » soupira l'homme.
-« Ooouf ! » répéta l'écho des collines, témoins de la
chute.

(Marie)

Chat furieux

Le grand âge a frappé Monsieur Fou-Deng et lui a retiré la vue. Depuis qu'il a quitté son Vietnam natal, il vit seulement entouré de ses animaux de compagnie et de ses livres.

Ce matin, il est encore assis devant les restes de son petit-déjeuner quand soudain, un chat toutes griffes dehors et crachant du feu se dresse sur la table. Pour sûr, Monsieur Fou-Deng a la berlue ! Il hurle alors comme un *hurluberlu* ! Hébété, il se lève et s'avance en *zigzag* vers sa bibliothèque où il voulait *s'enlivrer*. Mais n'étant pas en état nerveux de lire avec ses doigts tremblants, il braille à *tire-larigot* comme un *timbré* :

-« Rive... Rive... Rive... ici ! »

Curieux, Rive son chat arrive au milieu de ce *charivari,* suivi d'un toutou attiré aussi par ce *tohu-bohu.* Mais avec lui, foin de *fariboles* tartignoles ! Le chien s'approche de son maître, lui lèche la main, s'assied et attend. Cet animal sait *ambiancer* une atmosphère sereine. C'est un Labrador ! Il appuie ensuite sa grosse patte sur le bouton d'appel d'urgence et guide très patiemment vers la chambre son maître fou. *Ouf* !

Près du lit, dix mots suffisent aussi à M.Fou-Deng pour remercier son chien : « Merci bien de m'avoir débarrassé de ce chat furieux ! »

(Marie-Christine R)

En piste...

Ca y est, l'heure est venue d'organiser cette soirée de bienfaisance pour les enfants. Tout d'abord, il faudra s'organiser pour trouver plusieurs *hurluberlus*, des comiques, des clowns et des musiciens aussi pour *ambiancer* la soirée qui devra être festive, récréative et loufoque, mais pas du tout « *en livrée* ».

Je connais bien Zézé, ce vieux *timbré* qui déambule toujours en *zigzag* et à toujours mille *fariboles* à débiter dès que vous le croisez. Je vais essayer de le convier ; espérons qu'il saura être à la hauteur.

Et pourquoi ne pas contacter les acrobates de l'école du cirque voisin ? Dans une ambiance musicale qui tourne souvent au *charivari*, ils font des sauts et pirouettes à *tire-larigot*, en haut, en bas, à droite à gauche. A force de gesticuler dans tous les sens, ils nous font prendre le risque de nous tordre le cou, en plus de nous tordre de rire !

Ouf, je suis rassurée, alors maintenant, action ! Non en piste... ça va être un sacré *tohu-bohu* !

(**Michèle**)

Les urbains du Week-End...

Dans ce petit village niché dans la montagne, lorsque les « urbains » arrivent le vendredi soir fiers comme Artaban dans leur 4x4 reluisant, *l'ambiance* n'est plus au beau fixe. Le *charivari* de la ville les rend dingues. Le maire les a baptisés « les *hurluberlus* ». Certains d'entre eux passent leur temps à raconter des *fariboles* pensant impressionner tous ces braves paysans qu'ils retrouvent le dimanche matin au café « Chez Mimile » pour jouer leur tiercé en buvant un jaune ou leur raconter leurs exploits de la semaine écoulée. Les villageois s'inquiètent pour Marcel qui continue à boire avec eux à *tire-larigot* ; son domicile n'est distant que de cinq kilomètres mais la route avec ses interminables *zigzags* est dangereuse. Il finira par « casser sa pipe ». Puis il y a ce *timbré* de Jean qui n'arrête pas de se vanter de ses pêches miraculeuses qu'il invente de toute pièce. Mimile agacé par ce brouhaha annonce que mercredi prochain il y aura un tirage du loto avec une superbe cagnotte en se réjouissant intérieurement car ce soir les « envahisseurs » quitteront la montagne pour rejoindre le *tohu-bohu* de la ville. *Ouf* ! Dans un coin retiré de la salle, une dame aux cheveux blancs *s'enlivre* en sirotant un blanc sec à petites gorgées.   **(Danielle)**

Mots déformés (suite 2)

Détonacteur :
-Comédien qui n'a pas bien étudié son texte et donc n'est plus en phase avec les autres acteurs auxquels il devrait donner la réplique.   **(Marie)**
-Artiste capable d'en étonner un autre.   **(Danielle)**
-Stars pétaradantes.   **(Marie-Christine L)**

Fautœil :
- Là, il faut voir… mais il ne voit vraiment pas.
                                    (Marie-Christine L)
-Lieu sur lequel les borgnes s'assoient **(M-Christine R)**
-Œil de verre, rayé.   **(Jacques)**

Gendarmagnac :
-À Cognac, il y avait un jeune homme qui s'appelait Jean Darma. Ce garçon savait se battre, une sacrée gnaque d'où son surnom Jeandarmagnac, aujourd'hui déformé par l'oubli.   **(Marie)**
-Membre de la maréchaussée lambda. **(M-Christine L)**
-Personne en uniforme ressemblant à une basquaise.
                                         (Danielle)
-Policier borné, buté, qui a la manie de donner des PV à tout le monde même à ceux qui n'ont pas enfreint la loi.   **(Jacques)**
-Boisson du Gers à déguster à l'abri des regards indiscrets de tout personnage coiffé d'un képi.
                                  (Marie-Christine R)

Se mettre dans la peau de l'ours !

Cette provocation a été lancée à l'occasion de la 3ème édition du concours littéraire du Muséum de Toulouse autour de l'exposition temporaire « Ours, Mythes et Réalités ».
« Mettez de côté votre représentation de l'ours et imaginez ce que serait votre vie si vous en étiez un. Qu'il soit en peluche, sauvage, mythologique, dompté ou chassé, enfilez littéralement la peau de l'ours. Découvrez ses capacités sensorielles et cognitives et offrez-nous une vision originale de la vie d'un ours. »

Je suis l'attraction-vedette d'un cirque animalier ambulant et chaque soir des centaines d'enfants m'acclament. Cependant la représentation de ce soir me semble particulière : mon dresseur est nerveux et je sens sa sueur âcre. L'ambiance sonore du public est aussi inhabituelle car un chahut de jeunes adolescents domine les piaillements habituels des enfants. Cela me rappelle l'excitation de mes prédateurs de l'Arctique aux forts relents d'alcool qui couvraient la douce fragrance de nos peaux sur leur dos...

Bref, le rideau se lève et mon copain Serge, le lama, entre en scène. Dans ma cage je me dis : « J'ai le temps de piquer un petit somme ». Je m'affale donc sur ma paillasse et plonge rapidement dans mon imaginaire onirique récurrent : je cours après une proie mais celle-ci se faufile entre les rues d'une grande ville. Je perds sa trace alors qu'un métro aérien passe juste au-dessus de ma tête dans un bruit à me faire fuir.

« Zut ! Encore loupée ! » Me dis-je en ouvrant un œil, que je referme aussitôt en croyant distinguer une meute de jeunes loups bipèdes autour de moi. Ils m'enfilent une corde autour du cou et ces petits prédateurs excités m'entraînent hors de ma cage et se mettent à courir ; je peine à les suivre mais le lien m'étrangle de plus belle et j'accélère. Nous sortons de l'enceinte du cirque et me voilà tout à coup replongé dans mon rêve au sein d'une grande ville. Mais cette fois-ci, la proie c'est moi ! Mes gardes du corps sont gais et n'arrêtent pas de me caresser, comme s'ils avaient retrouvé leur nounours d'enfance. En effet, notre silhouette toute en rondeur et poilue leur plaît mais pour vous faire une confidence, je trouve leur chair peu goûteuse, un peu fadasse et trop souvent avinée. Dans ma jeunesse au Grand Nord, je me régalais plus avec des poissons bien iodés.

Mais, que faisons-nous ? Notre troupe dévale des escaliers sans fin et un grondement retentit à nos côtés et je réalise : « un métro, celui de mon rêve ! » Pris de panique, je prends alors mes jambes à mon cou et me précipite au milieu d'une foule d'humains qui hurlent en me laissant le passage. La corde me suit, je suis libre... mais où aller ? Je remonte les escaliers et me voici à l'air libre.

Epuisé, je m'arrête dans un jardin public, repère un bassin dans lequel je plonge à la grande surprise des quelques poissons rouges qui squattent là et qui subitement trouvent refuge dans mon ventre. Quel régal ! Je me mets alors à faire la planche pour me remettre de mes émotions et entamer ma digestion, quand dans l'allée, arrive mon copain Serge le lama, parti à ma recherche en bon citadin qu'il est devenu.

-« Tu es fou, viens avec moi ! » me crie-t-il ; cette vie de vagabond ne vaut rien, j'en sais quelque chose ! Le seul intérêt est d'avoir ta photo sur les journaux mais le ventre reste vide ! Seul le patron s'enrichira sur notre dos en te louant à droite et à gauche »

Je rentre donc au cirque avec lui sans me faire prier... Mais grâce à cette aventure, je connaîtrai à présent beaucoup mieux la ville pour attraper les proies nocturnes qui hantent mes nuits !

(**Marie-Christine R**)

Je suis un ours

Je suis un ours, un ours malheureux.

On a tout dit sur moi, on me prête les étiquettes les plus malveillantes de toute éternité : « C'est un vrai ours » pour qualifier quelqu'un de peu aimable, « ours mal léché » lorsque un individu a peu de manières. On a peur de moi, on veut me chasser des Pyrénées, les bergers craignant pour la vie de leurs troupeaux ou alors on me couvre de préjugés lorsque j'étais ourson, des adjectifs dégoulinant de sentimentalité primaire et les enfants pleurent s'ils ne me possèdent pas mais, lorsqu'ils m'ont en cadeau, ils m'arrachent les yeux et me traînent au sol, jusqu'à un état de délabrement avancé. On tourne des films sur moi, sur l'écosystème et la disparition de mes cousins blancs des terres australes.

Or, moi, je suis un ours normal sans histoire, sans tralala. Je ne veux faire peur à personne. Comme il y a bien longtemps que je ne suis plus un petit ourson, les gens sont affolés de me rencontrer vus ma grande taille, mon poids impressionnant, ma mâchoire proéminente. Le balancement de ma démarche effraie même les plus endurcis. Mon système pileux affole les moins peureux.

Je suis obligé de me cacher le jour à cause des humains qui veulent ma peau. Un certain fabuliste leur a bien fait comprendre qu'il ne faut pas vendre la peau de l'ours avant de l'avoir tué ! Alors ils arment leur fusil pour régler mon compte au plus vite.

Je désirerais être tranquille, batifolant avec les abeilles, dégustant leur miel mais mon aspect rend les gens méchants et décuple leurs instincts mauvais.

Je m'adresse à toi, tout particulièrement.

-Ah ! Et pourquoi ? Que veux-tu que j'y fasse ?

Je ne devrais pas te le dire mais une personne avertie en vaut deux, il vaut mieux que tu saches : je descends de mon lointain ancêtre vivant dans les grottes et tu seras ma prochaine réincarnation. Tu entreras dans ma peau, au sens propre. Tu te transformeras en ours dans ta prochaine vie et tu verras comment te traiteront les humains…

(Marie)

Discours d'adieu à des livres...

Discours à des livres pour annoncer à certains d'entre eux qu'ils ne seront pas conservés...

Mes chers amis les livres, nos compagnons de fortune et d'infortune, nous sommes ce soir devant vous, Pierre et moi, pour vous parler d'un sujet grave.

Pour une fois nous n'allons pas vous demander de vous ouvrir à la première page mais seulement de nous écouter. Nous réclamons votre attention et votre compréhension car la chose n'est pas facile. Connaissant votre sens de l'observation, vous avez probablement remarqué la fébrilité qui règne dans la maison depuis quelques jours : on emballe, on scotche, les cartons s'entassent et les pièces se vident... Eh oui, nous allons quitter cette grande maison pour atterrir dans un appartement plus modeste en ville. Les vicissitudes de l'âge nous poussent à aller à l'essentiel et à nous alléger. Il est donc évident que nous allons devoir nous séparer d'une bonne partie d'entre vous. Je vous entends déjà murmurer avec amertume : -« Ils viennent d'acheter une liseuse électronique, ils n'ont plus besoin de nous, les ingrats. »

Ce n'est pas cela du tout. Avant toute chose, j'aimerais exprimer à chacun d'entre vous toute notre tendresse. Nous vous avons tant aimés... De l'enfance au seuil de notre vie, vous nous avez accompagnés et vous avez contribué à l'élaboration de ce que nous sommes. Compagnons des nuits sans sommeil, sages face aux crises identitaires, éveilleurs des sens, vous avez joué tous les rôles. Chacun d'entre vous avez laissé une trace indélébile en nous. Même si nous allons nous séparer vous continuerez à être au creux de notre tête et de notre cœur. Nous avons également laissé notre empreinte sur chacun d'entre vous : un doigt sale, une larme, quelques miettes de pain… qui nous lient pour l'éternité.

Une deuxième chose que nous aimerions vous dire : aucun d'entre vous ne sera jeté sans ménagement au fond d'une poubelle ou abandonné dans un hall de gare. Nous allons vous offrir à des personnes que nous aimons et qui sauront vous aimer. Plutôt que de continuer à prendre la poussière chez nous, nous vous offrons une renaissance, un regain d'intérêt et de jeunesse. Encore merci. Passons aux aspects pratiques. Comment choisir ?

Pierre, ce grand sentimental qui ne sait pas décider, propose que l'on prenne une étagère sur trois. Trop arbitraire. Notre fils, plus préoccupé de sa colonne vertébrale que de logique, suggère que l'on abandonne les plus lourds, les plus encombrants. Pas question que je renonce à ma collection sur les grands peintres. Malicieuse, notre fille, avec un air de vieux sage, nous déclare qu'elle embarque notre collection sur la littérature érotique… A votre âge, vous ne devriez garder que les livres de philosophie et de poésie !

Peut-être… Mais peut-on vivre de sagesse et d'eau fraîche ? Notre petite fille, elle aussi, a mis son grain de sel et dit : « qu'ils n'étaient pas beaux les livres sauf les grands rouges… »

Le chien ? Non, je plaisante, nous n'avons sollicité ni l'avis du chien, ni celui du poisson rouge.

Après mûre réflexion, nous avons décidé que la décision allait vous appartenir. Si vous souhaitez quitter notre navire pour aller voir si l'herbe est plus verte ailleurs, faites le mort. Si vous souhaitez rester avec nous, faites nous signe, remuez, dites quelque chose, montrez-vous sous votre meilleur aspect, évoquez les bons moments passés ensemble. Nous vous laissons quelques minutes de réflexion et commençons le tri. A bientôt.

(Irène)

Mes chers, mes très chers amis,

Depuis de nombreuses années nous avons l'habitude de nous retrouver dans cette pièce, grands et petits, français et étrangers, poètes, philosophes ou conteurs, et votre présence m'a été indispensable.

Nous avons grandi ensemble et vous m'avez accompagné autant dans mes moments de solitude et d'abattement que dans mes heures de bonheur et de paix. Notre groupe s'est développé au fil des ans et grâce à toutes vos épreuves j'ai réussi à surmonter les miennes ; vos réflexions sur notre monde complexe m'ont éclairé et vos récits et conseils m'ont fait voyager aux quatre coins du monde ; votre humour a souvent été pour moi un refuge. Bref, autant que vous êtes et aussi différents que vous puissiez être, j'ai apprécié votre compagnie.

C'était trop beau ! Tout a une fin et la mienne approche. L'heure de me séparer de certains d'entre vous est là. En effet je dois me retirer dans un établissement où je pourrai me faire d'autres amis, certes, mais ces liens ne pourront égaler les nôtres. Pourtant, je vais vous demander de ne pas chercher ailleurs un autre compagnon : s'il vous plaît, n'abandonnez pas ma famille.

C. Perrault, Andersen, J. Verne, A. Christie, Molière et tous ceux qui se tiennent debout près de vous, je vous prie de tenir compagnie à mes petits-enfants et de les enchanter comme vous le fîtes quand j'avais leur âge.

J. London, E. Hemingway, J-L Etienne, H. De Monfreid, J. Kessel, P.E Victor, ou Atlas, Routard, Evasion et tous les autres aventuriers ou simples éclaireurs avisés, merci de continuer à prodiguer vos rêves d'ailleurs à mes enfants. Vous savez, les jeunes à notre époque sont avides de découvrir le monde à portée d'ailes et vous serez près d'eux une compagnie précieuse. De plus, ils vous inviteront sûrement à faire partie du voyage.

P. de Ronsard, V. Hugo, J. Verlaine, G. Apollinaire, L. Aragon, JP. Eluard et vos compagnons, continuez à bercer et enchanter ma chère épouse. Elle aura bien besoin de votre présence fleurie pour apaiser sa douleur quand je ne serai plus près d'elle. Et vous, tous les romanciers, nourrissez encore son imaginaire tout comme vous m'avez souvent aidé à fuir ce réel parfois oppressant.

Je garde avec moi les penseurs ; vous m'accompagnerez dans ma nouvelle vie. Montaigne continuera à me transmettre la sagesse et le courage, nécessaires pour atteindre l'autre rive un jour, Bouddha m'apaise et la Bible me rassure.

Mais attention, P. Desproges, O. Wilde, S. Guitry, R. Devos me resteront fidèles. J'aime leur causticité ou leur adresse à faire danser les mots pour le rire et pourquoi pas, de quoi divertir prochainement mon entourage âgé.

Je crois que le moment de nous quitter est venu. Une nouvelle aventure s'offre à nous tous, sachons la vivre intense et profitable. Encore merci vieux compagnons !

(Marie-Christine R)

Mots déformés (suite 3)

L'embrassadeur :

-Lorsque plus rien ne va entre deux pays, un homme est chargé d'embrasser son adversaire. Si celui-ci est satisfait du baiser, les deux pays font la paix. (**Marie**)

-Ambassadeur connu pour ses affectueuses accolades.

(Danielle)

-Nageur de brasse qui après chaque victoire, prend dans ses bras son voisin de couloir.   (**Jacques**)

-Nouveau poste d'accueil créé en temps de crise dans les ambassades de Suisse, du Luxembourg et des îles Caïman.   (**Marie-Christine R**)

-Diplomate plus collant que les autres. (**M-Christine L**)

L'hollandiserie :

-Pâtisserie tout à fait normale mais très prisée à l'Elysée

(Marie-Christine L)

-Friandise de couleur rose fabriquée aux Pays-Bas.

(Danielle)

-L'hollandis est une gourmandise rose, vendue dans des pâtisseries appelées : hollandiseries. Il y a des mauvaises langues qui disent qu'au début ça a bon goût mais qu'ensuite, c'est amer et qu'on reste sur sa faim. En fait, la pâtisserie ne tiendrait pas ses promesses.   (**Marie**)

-Boutique du boulevard St Honoré spécialisée en chamallows, brioches et autres sucreries pour des journalistes politiques à la dent dure. (**M-Christine R**)

Je n'ai pas d'hippopotame à colorier...

Ecrire la suite de la phrase extraite du livre de Pascal Dessaint : **L'appel de l'huitre** *- «Je n'ai pas d'hippopotame à colorier mais j'ai quand même... »*

Je n'ai pas d'hippopotame à colorier mais j'ai quand même... à m'occuper de ma grand-mère Alice.

C'est beaucoup plus difficile, bien que je ne connaisse pas très bien les nuances des couleurs des poils d'hippopotame et que je sois conscient de l'effort nécessaire à ce coloriage.

Du soir au matin, Alice chante, faux : « Je ris de me voir si belle en ce miroir ». Elle s'habille en jupe courte et s'en va sur la place du village pour illustrer sa chanson favorite.

Lorsqu'elle revient de la pêche, mouillée jusqu'à la taille, elle m'oblige à nettoyer et cuire ses prises squelettiques, de pauvres petits poissons piégés par sa ligne ultrasophistiquée.

Elle a le verbe haut et me fait honte devant mes invités, brassant les mots grossiers à loisir, fumant le havane, une chope de bière brune à la main.

Elle vient de passer son permis de conduire et l'a obtenu, à quatre-vingts ans passés. Sans doute le moniteur a-t-il craint ses réactions furibondes s'il ne le lui donnait pas. Il a certainement sauvé ainsi sa

144

voiture. Elle l'appelait, avant chaque séance, « mon pôv' Roger, c'est tout ce que tu es capable de faire, demander aux autres d'appuyer sur les pédales toi qui les a perdues depuis longtemps. » Le précieux papier en poche, elle a fait l'acquisition d'une décapotable et au stop, sans la moindre velléité de freinage, elle hurle : « Priorité aux femmes ! »

Elle emprunte mon scooter sans ma permission et revient à pied. Si je m'ouvre à elle pour lui conter mon angoisse, elle réplique d'une manière théâtrale : « Ce n'est tout de même pas de ma faute si un platane s'est lancé sur ta machine. »

Parfois, je préfèrerais colorier un hippopotame…

(Marie)

Cadavre exquis...

Cadavre exquis : ici le jeu consiste à faire composer une phrase, par plusieurs personnes sans que l'on puisse tenir compte des collaborations des autres, sauf de la précédente avant soi.

Bains d'hippopotames

Je n'ai pas d'hippopotame à colorier mais j'ai quand même... Une boîte de crayons de couleurs.

Mais de quelle couleur est un hippopotame gris caché dans une mare verte ?

Il est kaki ou caca d'oie. Et quelle serait la couleur d'un hippopotame en bord de mer ?

Ça dépend s'il se baigne dans la mer rouge ou dans la mer noire !

Dans tous les cas, il faudra qu'il porte un maillot de bain car le nu est interdit aux hypo pot-dames dans certains lieux d'Afrique.

Ne pas s'inquiéter de sa vie privée, mais de son coloriage.

Soit, je vais donc colorier mes rêves pour les rendre plus agréables.

Les rêves, passent comme des zip-popote-âmes durs à colorier. Mais eux ils en valent le coup... même si ce ne sont pas des girafes !

(Collectif)

146

Girafe à peigner

Je n'ai pas d'hippopotame à colorier, mais j'ai quand même... Une girafe qui ne demande qu'à se faire maquiller après avoir été peignée...

Car elle doit rendre la justice sous un chêne.

Pour cela, il me faut une grande échelle, mais je n'en ai pas.

À nous tous on peut te faire plusieurs courtes échelles si tu veux. Il faut que l'on y arrive, on n'a pas le choix.

Sauf si tu es trop lourd, nous serons obligés d'appeler les pompiers.

S'ils veulent bien se déplacer pour une affaire aussi futile !

Existe-t-il des affaires futiles chez les animaux ? Tous ont droit à une justice pour juger les hommes...

Être condamné pour être jetée dans la fosse aux lions, c'est ça la justice ?

As-tu encore des illusions sur la justice ? Les choses n'ont pas beaucoup évolué depuis les dinosaures, ma pauvre fille !

Même les hippopotames sont restés gris... Personne ne soutiendrait qu'ils sont blancs comme neige !

Voilà pourquoi je préfère imaginer les hippopotames de toutes les couleurs.

(Collectif)

Ouvrez, ouvrez la cage aux lions...

Je n'ai pas d'hippopotame à colorier, mais j'ai quand même... Fait ouvrir la cage où sont enfermés les lions.

Les voici, ces chères petites bêtes qui se mettent à sauter sur la tête des spectateurs...

Mais ma parole, ils leurs cherchent des poux sur la tête, on est loin des lents pachydermes ou des hippopotames !

Mon pauvre ami, il faut que tu aies sifflé une bonbonne de pastis pour faire ce genre de réflexion.

A condition qu'il y ait matière à réfléchir !

Autre médication très performante, la codéïne...

Est-ce que la codéïne est aussi appropriée à cette lésion occasionnée par les poux ?

Comme je ne suis pas médecin, je ne peux pas répondre à cette question.

Vous vous trompez de praticien, c'est le juge qui dicte la sentence pour les produits illicites.

Mais non, c'est l'argent qui commande, pas la morale...

Et ce sont les couleurs qui l'enjolivent.

(Collectif)

Le haïku

Le haïkiste, dans son poème à la fois bref et ouvert, ne garde que le flash initial. C'est là son défi, c'est là son art. Une pointe d'humour et de solitude s'y dégagent...

La lumière de la lune
traverse l'arbre de soie
fait de rêves en blanc et noir.   **(Michaela)**

Le grillon chante,
l'oiseau s'envole,
mais la fleur écoute…   **(Marie-Cristine L)**

Les yeux s'émeuvent
Quand les pétales de la rose
S'étiolent dans le vent du soir.

Le clocher griffe le bleu
Du ciel frileux
Dans le lointain du paysage.   **(Marie)**

Au fil de la plume
Les mots se posent
Sourires fugaces.

Les feuilles bruissent
Au vent léger
Un fauve guette.   **(Marie-Cristine R.)**

TABLE DES MATIERES

ISBN : 978322 411634

Copyright : réf 54PN1EA

© 2022, Association Des Mots pour le Rire
Édition : BoD – Books on Demand,
12/14 rond-point des Champs-Élysées, 75008 Paris
Impression : BoD - Books on Demand, Norderstedt,
Allemagne
Dépôt légal : Février 2022